把廉洁带回家

100位共产党人的故事

刘玉瑛　编著

新 华 出 版 社

图书在版编目（CIP）数据

把廉洁带回家：100 位共产党人的故事 / 刘玉瑛编著 .
北京：新华出版社，2024. 12.
ISBN 978-7-5166-7714-8

Ⅰ . D263

中国国家版本馆 CIP 数据核字第 2024P1T269 号

把廉洁带回家：100 位共产党人的故事
编著： 刘玉瑛
出版发行： 新华出版社有限责任公司
（北京市石景山区京原路 8 号　邮编：100040）
印刷： 三河市君旺印务有限公司

成品尺寸： 170mm × 240mm　1/16　　**印张：** 16.5　　**字数：** 188 千字
版次： 2025 年 3 月第 1 版　　**印次：** 2025 年 10 月第 3 次印刷
书号： ISBN 978-7-5166-7714-8　　**定价：** 58.00 元

前言

清正廉洁，是中国共产党的优良传统和政治优势，也是新时代好干部必备的五条标准之一。

中国共产党成立一百多年来，涌现出许许多多清正廉洁的典范人物，他们“鞠躬尽瘁，死而后已”，如焦裕禄、谷文昌、孔繁森，等等；他们“甘作春蚕吐尽丝”“捧着一颗心来，不带半棵草去”，如李贞、张闻天、朱德，等等。

2019年9月29日，习近平总书记在国家勋章和国家荣誉称号颁授仪式上的讲话中强调：“崇尚英雄才会产生英雄，争做英雄才能英雄辈出。”

“学所以益才也，砺所以致刃也。”为了便于广大党员学习这些英雄人物、先进典型清正廉洁的先进事迹，我根据主流媒体报道的资料编著了《把廉洁带回家——100位共产党人的故事》一书。通过这些共产党人的故事，我们可以看到，这些先进典型、英雄人物坚持真理、坚守理想，践行初心、担当使命，不怕牺牲、英勇斗争，对党忠诚、不负人民、严守纪律，以赤子之心守初心、以奋斗之志赴使命，为广大党员树立了光辉的榜样。广大党员要“善于向先进典型学习，在一点一滴中完善自己，从小事小节上修炼自己，以自己的实际行动学习先进、保持先进、赶超先进。”

德国著名思想家亨利希·伯尔在他所著的《莱尼和他们》一书中说过这样一段话："勇士的榜样带动着胆怯的人一起前进，只要一个人表现出无畏的精神，他的榜样，就能使他周围的人们心头燃起勇敢的火炬。"

我相信，这100位共产党人清正廉洁的故事一定会对广大党员在党性修养中起到榜样的重要作用，这些勇士的榜样一定会激励着共产党员们严守党的各项纪律，不忘初心，牢记使命，清正廉洁，永远保持先进性和纯洁性。

本书在编写的过程中，我参考了主流媒体报道的真实资料，在此，我谨向这些文字权利所有者致以诚挚的谢意。

本书得以出版，我必须感谢新华出版社赵怀志先生和薛纯宇女士，他们为本书的"问世"提供了有力的支持和帮助。

刘玉瑛

2024年12月16日

目录

一 严格遵守党的政治纪律

二　严格遵守党的组织纪律

三　严格遵守党的廉洁纪律

五 严格遵守党的工作纪律

六 严格遵守党的生活纪律

一

严格遵守党的政治纪律

党的政治纪律，是党的各级组织和党员在政治生活中所必须遵守的行为规范。党的六大纪律，政治纪律排在首位。党的十八大以来，习近平总书记反复强调要严明政治纪律。他指出：“严明党的纪律，首要的就是严明政治纪律。党的纪律是多方面的，但政治纪律是最重要、最根本、最关键的纪律，遵守党的政治纪律是遵守党的全部纪律的重要基础。政治纪律是各级党组织和全体党员在政治方向、政治立场、政治言论、政治行为方面必须遵守的规矩，是维护党的团结统一的根本保证。”[①]

遵守党的政治纪律，要求党组织和党员在思想上政治上行动上同党中央保持高度一致，坚持党中央权威和集中统一领导，坚决维护党的团结和集中统一，对党忠诚老实，保守党的秘密，永不叛党。

① 习近平：《严明政治纪律，自觉维护党的团结统一》，《十八大以来重要文献选编》（上），中央文献出版社 2014 年版，第 131—132 页。

1. 陈铁军、周文雍 刑场上的婚礼

陈铁军（1904年3月—1928年2月6日），1904年3月出生在广东佛山，1926年4月，她加入中国共产党。她原名叫燮君，入党后，她改名为铁军，表示跟旧我决裂，誓把一切献给党的革命事业。

1927年，蒋介石在上海发动四一二反革命政变后，广州也发生了四一五反革命事件，4月15日，广州的反动军阀对共产党人举起了屠刀。凌晨，大批反动军警包围了中山大学。此时，陈铁军正在中山大学读书，并担任中山大学中共党支部委员。

陈铁军得到情报，爬墙攀树，逃出了敌人的魔掌，并不顾个人的安危，马上执行组织命令，乔装打扮，从城内跑到西关，及时将反革命政变的消息通知给正在住院的中共广东区委妇委书记邓颖超，让她安全撤离。

1927年8月，陈铁军接受党组织安排，与周文雍假扮夫妻，协助周文雍同志进行革命工作。

周文雍（1905年8月—1928年2月6日），1905年8月出生在广东开平，1925年加入中国共产党。他曾担任广州工人代表大会主席。1927年6月19日，是省港大罢工两周年纪念日，已经转入秘密活动的省港罢工委员会在周文雍、罗登贤等组织下，召集了两万罢工工人举行集会、示威游行。6月23日，广州工代会特别委员会在周文雍的主持下，又召开了有3万群众参加的大会，纪念沙基惨案两周年。这两次大会，震惊了广东的反革命派。

根据斗争需要，1927年8月，中共广东省委派陈铁军来协助周文雍工作。他们二人假扮夫妻，在拱日路租了一间房子，建立秘密机关，重新组织工人，开展新的斗争。此时，陈铁军担任中共广州市委工委书记。

1928年1月27日，由于叛徒出卖，周文雍与陈铁军同时被捕入狱。在狱中，周文雍和陈铁军受尽了各种酷刑，“放飞机”“坐老虎凳”“插指心”，让他们说出党的秘密，背叛党组织，但他们二人始终坚贞不屈。

周文雍在监狱的墙壁上，写下了“头可断，肢可折，革命精神不可灭。壮士头颅为党落，好汉身躯为群裂！”这不朽的诗篇。

敌人见酷刑动摇不了他们的意志，又改用高官厚禄来对他们进行诱惑。周文雍和陈铁军严词加以拒绝。

敌人无计可施，决定判处他们死刑。1928年2月6日，周文雍和陈铁军被敌人押上了刑场。他们二人态度从容，昂首挺胸，齐声高唱《国际歌》。

在广州红花岗刑场上，陈铁军向周围的群众宣告：“我们要举行婚礼了，让反动派的枪声来作为结婚的礼炮吧！”周文雍则拼尽余生之力，高呼：“同志们革命到底！”

2009年9月，在中央宣传部、中央组织部等11个部门联合组织的评选活动中，陈铁军和周文雍被评为“100位为新中国成立作出突出贡献的英雄模范人物”。

2. 夏明翰
砍头不要紧，只要主义真

夏明翰（1900年8月25日—1928年3月20日），1900年8月25日出生在湖北省秭归县，12岁时，他随家人回到了家乡湖南省衡阳县。

夏家是湖南有名的富豪家庭，祖父想让夏明翰读“孔孟之道”，将来走仕途，但他违背祖父意愿于1917年考入了位于衡阳的湖南省立第三甲种工业学校机械科。他在学习中逐步接受了马克思主义思想，走上了革命的道路。

1920年秋季，夏明翰来到长沙，在何叔衡的帮助下结识了毛泽东，后来，他成为毛泽东与何叔衡创办的湖南自修大学的第一批学员。在这里，夏明翰开始大量阅读进步书刊，更加坚定了追求真理的决心。

1921年8月，夏明翰由毛泽东、何叔衡介绍加入了中国共产党。1924年，夏明翰担任中共湖南省委委员，负责农委工作，后兼任组织部长、农民部长和长沙地委书记。

1927年2月，毛泽东到武汉举办中央农民运动讲习所。夏明翰受毛泽东之邀到武汉担任全国农民协会秘书长，兼任毛泽东和农讲所的秘书。

1927年4月12日，蒋介石在上海发动四一二反革命政变，屠杀共产党人和革命群众。夏明翰怒火万丈，悲痛愤慨不已，他写道：“越杀胆越大，杀绝也不怕。不斩蒋贼头，何以谢天下！”他投笔从戎，参加了第二次北伐的革命军。

1927年6月，组织上安排夏明翰回湖南工作，任省委委员兼组织部长。党的八七会议之后，毛泽东回到长沙，同湖南省委密商秋收起义计划。夏明翰根据计划安排，积极主动地向各级党组织宣传和组织秋收起义行动，为毛泽东组织的秋收起义，打响武装反抗的第一枪作出了巨大的贡献。

1928年初，中共中央调夏明翰去湖北省委工作。但不幸的是，由于交通员叛变告密，夏明翰于3月18日在汉口东方旅社被捕。

敌人企图从他的口中得到党的秘密，就对他软硬兼施，但夏明翰坚贞不屈。审讯夏明翰的人问他：“你们的人都在哪里？”夏明翰回答说：“我知道他们在哪里，他们都在我的心里。”

敌人知道审不出什么结果，决定处夏明翰以极刑。夏明翰知道离开的日子不远了，就给母亲、妻子、大姐各写了一封遗信。

他在给母亲的信中写道：“儿女不见妈妈两鬓白，但相信你会看到我们举过的红旗飘扬在祖国的蓝天！”

他在给妻子的信中写道：“抛头颅，洒热血，明翰早已视等闲。‘各取所需’终有日，革命事业代代传。红珠留着相思念，赤云（夏明翰之女夏芸）孤儿望成全，坚持革命继吾志，誓将真理传人寰！”

在给大姐的信中，他写道：“我一生无遗憾，认定了共产主义这个为人类翻身解放造幸福的真理，就要刀山敢上，火海敢闯，甘愿抛头颅、洒热血。”

临刑前，夏明翰又挥笔写下了一首正气凛然的就义诗：“砍头不要紧，只要主义真。杀了夏明翰，还有后来人！”

1928年3月20日，夏明翰在汉口余记里刑场英勇就义，牺牲时年仅28岁。

2009年9月，在中央宣传部、中央组织部等11个部门联合组织的评选活动中，夏明翰被评为“100位为新中国成立作出突出贡献的英雄模范人物”。

3. 向警予 不朽的革命女杰

向警予（1895年9月4日—1928年5月1日），1895年9月4日出生在湖南省溆浦县。1922年初，她加入中国共产党，成为最早的女共产党员之一。在有迹可循的史料里，她是中国共产党唯一的女创始人。她曾和蔡和森共同提出“中国共产党”这一名称，并一起探讨建立中国共产党的计划。

她曾和周恩来、李立三等人在法国共同组建了早期的中国共产党。1941年，毛泽东在延安同美国记者埃德加·斯诺谈话时说：“在法国，许多勤工俭学的人也组织了中国共产党，几乎是同国内的组织同时建立起来的。那里的党的创始人之中有周恩来、李立三和向警予。向警予是蔡和森的妻子，唯一的一个女创始人。”①

在党的二大上，向警予当选为第一个女中央委员，担任党中央第一任妇女部长，开始领导中国最早的无产阶级妇女运动。她主编过《妇女周报》，用马克思主义理论阐述中国妇女问题，号召广大女性团结起来，为解放自身投入到革命运动中去。她还为党中央妇女部起草了许多重要指导性文件，这些文件为中国妇女解放运动作出了不可

---

① 【美】埃德加·斯诺：《西行漫记》，董乐山译，生活·读书·新知三联书店出版1979年版，第133页。

磨灭的贡献。

1924年，向警予直接参加并领导了上海闸北丝厂和南洋烟厂的女工运动和罢工斗争，大罢工最终取得胜利。

1928年3月20日，由于叛徒出卖，向警予在法租界三德里被捕。被捕后，国民党对她实施了严刑逼供，让她说出党的秘密，但她始终大义凛然，坚贞不屈，严守党的秘密，表现出了共产党人的浩然正气。

1928年5月1日，向警予被押赴余记里空坪刑场，被刽子手残忍杀害，年仅33岁。

向警予在被押往刑场的路上，视死如归，沿途向广大群众进行宣传演讲。刽子手们为阻止她演讲，往她的嘴里塞石沙，还用皮带缚住她的双颊，血沫从她的嘴角流出。

1928年7月22日，蔡和森虽然与向警予已经离婚，但仍于莫斯科撰文悼念向警予。

向警予牺牲三年后，蔡和森也在广州英勇就义，时年36岁。

著名诗人柳亚子先生在中华人民共和国成立的前夕，为缅怀蔡和森与向警予写下一首诗："革命夫妻有几人，当时蔡向各成仁。和森流血警予死，浩气巍然并世尊。"

1939年3月8日，毛泽东在延安举行的纪念"三八"国际妇女节大会上发表了题为《妇女们团结起来》的重要讲话。他在讲话中，高度评价了向警予的一生。他说："要学习大革命时代牺牲了的模范妇女领袖、女共产党员向警予。她为妇女解放、为劳动大众解放、为共产主义事业奋斗了一生。"

2009年9月，在中央宣传部、中央组织部等11个部门联合组织的评选活动中，向警予被评为"100位为新中国成立作出突出贡献的英雄模范人物"。

4. 贺锦斋

吾将吾身交吾党

贺锦斋（1901年2月4日—1928年9月8日），1901年2月4日出生在湖南省桑植县洪家关，原名贺文秀，是贺龙的堂弟。

1919年，18岁的贺锦斋跟随堂兄贺龙闹革命，参加了北伐战争、南昌起义，1927年的冬季，他加入了中国共产党，在开辟湘鄂西革命根据地斗争中，作出了重大贡献。

贺锦斋刚加入贺龙部队时，是贺龙的卫士，由于他平时勤奋好学，行军吃苦耐劳，作战机智勇敢，24岁时，他便升为团长。

1927年6月，贺龙部队在中国共产党的帮助下扩编为国民革命军第二十军，贺龙任军长，26岁的贺锦斋升任第一师师长。

1927年8月1日南昌起义时，贺锦斋师受命进攻敌第五路军总指挥部，贺锦斋身先士卒，带领部队与敌人激战了三个多小时，歼敌一部迫使余敌全部缴械投降。

在战斗间隙，贺锦斋还不忘作诗以励斗志，其中一首写道："黑夜茫茫风雨狂，跟随堂兄赴疆场，流血身死何足惧，刀剑丛中斩豺狼！"

1928年2月下旬，根据党组织的决定，贺锦斋随同贺龙回到阔别近十年的家乡，开辟湘西革命根据地。在不到一个月的时间里，湘鄂西工农革命军即宣告成立。1928年7月，工农革命军改编为湘鄂西工农革命军第四军（称红四军），贺龙任军长，贺锦斋任第一师师长。

1928年9月初，贺锦斋率领部队在转移途中，被敌人包围在常德石门泥沙镇。

1928年9月7日，面对敌军的重重围困，贺锦斋决定决一死战。临战前，他给弟弟贺锦章写下了一封家书。家书中写道：

吾弟手足：

我承党的殷勤培养，常哥[①]多年的教育以至今日。我决心向培养者教育者贡献全部力量，虽赴汤蹈火而不辞，刀锯鼎镬而不惧。前途怎样，不能预知，总之死不足惜也。

家中之事我不能兼顾，堂上双亲希吾弟好好孝养，以一身而兼二子之职，使父母安心以增加寿考，则兄感谢多矣。当此虎豹当途、荆棘遍地，吾弟当随时注意善加防患，苟一不慎，即遭灾难。切切，切切。言尽于此，余容后及。

兄 绣

一九二八年九月七日于泥沙

信后附诗二首：

“云遮雾绕路漫漫，一别庭帏欲见难。吾将吾身交吾党，难能菽水再承欢。”

“忠孝本来事两行，孝亲事望弟承担。眼前大敌狰狞甚，誓为人

① 常哥，即贺龙。贺龙最早的名字叫贺文常。

民灭豺狼。”①

1928年9月8日拂晓，贺锦斋率领警卫营和手枪连奋勇冲杀，壮烈牺牲，年仅27岁。

新中国成立初期，毛泽东主席签署第一号烈士令，贺龙部队中第一个倒在湘西这片圣地的高级将领、他的堂弟贺锦斋成为共和国的第一号烈士。

① 《家中之事我不能兼顾——贺锦斋致弟弟》，共产党员网，2019年8月5日。

5. 刘仁堪
用自身鲜血写就革命成功万岁

刘仁堪（1895年—1929年5月19日），1895年出生在江西省莲花县。1925年，他加入了中国共产党，并以教书、行医为掩护，秘密组织农民协会，进行革命宣传。

1927年，刘仁堪被调到莲花县城担任清乡委员会负责人，领导农会干部清算土豪劣绅经营的祠公庙宇公产。莲花地处偏僻，封建势力顽固，刘仁堪不畏强暴、不怕风险，经常在土豪劣绅的围攻中挺身而出，为贫苦农民仗义执言，深受群众的拥戴。1927年9月，他随秋收起义部队上了井冈山。

1928年4月，刘仁堪任中共红四军军委委员、中共莲花临时县委农工部部长。7月，任莲花县工农兵政府主席。11月，任中共莲花县委书记。

在严酷的斗争环境里，刘仁堪紧紧依靠全体党员、依靠革命群众，与敌人斗智斗勇，逐步恢复了各区的红色政权，打击了敌人的嚣张气焰。

一天，刘仁堪与县委妇女部长颜清珍等来到南村坳背村，晚上在一户党员家中住了下来。不料，他们的行踪被叛徒发现并告密，刘仁堪和颜清珍落入连夜赶到的保安团之手。

在保安团押送他们的途中，刘仁堪发觉人们都拥挤在商店门缝和窗户里偷看，便放声做宣传：“乡亲们，国民党这些杀人魔鬼，疯狂不了多久，工农红军是一定会打回来的。”“这些反动家伙，都是狐朋狗党，人民是不会饶过他们的。”

莲花国民党县长邹兆衡亲自审讯，许诺只要刘仁堪交出共产党内部机密，可保他全家平安，并在伪县政府供职。邹兆衡说得口干舌燥，刘仁堪只是冷笑，一言不发。邹兆衡见他“油盐不进”后，便命人对刘仁堪施以各种酷刑，踩杠子，灌辣椒水，用香火烧，用铁铲烙，结果他们没有得到任何一点所需要的东西。

1929年5月19日，敌人将刘仁堪押到县城南门大洲上，准备将他斩首示众。刘仁堪见到许多熟悉的面孔便高声喊话，揭露反动派的罪恶，宣传革命必定胜利的道理：“我的同志们，我的乡亲们，今天国民党反动派把我拉到这里来，就是想杀掉我刘仁堪，然后告诉你们不准参加革命，但我认为这就是痴心妄想！今天杀了我刘仁堪，明天就会有千千万万个刘仁堪站出来，接着闹革命！请今天在场的大家要记住我说的话，团结，战斗，将来最后的胜利一定是属于我们的，国民党反动派是绝对没有好下场的！革命的人民是杀不尽的，井冈山的革命星火是扑不灭的！”

敌人害怕他的宣传，就残忍地割下了他的舌头。看着嘴里的血流到了地上后，刘仁堪忍着剧痛抬起了脚，以脚趾为笔，以鲜血为墨，缓缓写下了“革命成功万岁”六个鲜红的大字！壮烈牺牲，年仅34岁。

2019年5月22日，习近平总书记在江西考察工作结束时的重要讲话中提到了刘仁堪烈士的英勇事迹。

6. 彭湃
让共产主义在中国开花结果

彭湃（1896年10月22日—1929年8月30日），1896年10月22日出生在广东省汕尾市海丰县城郊桥东社。

1918年夏季，彭湃东渡日本留学，1921年5月初，彭湃由日本回国，并于6月参加了广州社会主义青年团。不久，他回到海丰，发起组织“社会主义研究社”。研究社建立后，彭湃从教育入手开始进行社会革命的实践。他在住房里贴了一副对联：“漫天撒下自由种，伫看将来爆发时。”

1924年4月初，29岁的彭湃抵达广州，加入中国共产党，并开办农民运动讲习所，他担任了第一届农民运动讲习所主任。此后，他把主要精力放到指导广东各地农民运动上。当时，他被人们誉为“农民运动的大王”。

彭湃在开始从事农民运动时，遭遇过许多困难。他想跟群众交朋友，但农民却因为他穿戴讲究、讲话太文雅而不愿意接近他。彭湃搞清楚原因后，摘下了白通帽，戴上尖顶竹笠，脱下鞋子，光着脚板，带着农民爱用的旱烟筒，到农民中去，用通俗易懂的语言和农民交谈，启蒙他们。

彭湃还把自己分家得到的那份田契，亲自送给佃户。佃户们不敢要，他便当众烧毁田契，并对佃户们说：“以后自耕其食，不必再交租谷。”

在党的六届一中全会上，彭湃当选为中共中央政治局候补委员，担任中央农委书记。1929年2月他调任江苏省委常委、省军委书记。

1929年8月24日上午，彭湃到上海新闸路经远里组织江苏省委军委的会议。由于叛徒告密，彭湃及参加会议的同志被逮捕。除彭湃外，还有中共中央政治局候补委员杨殷、中共江苏省军委负责人颜昌颐和中央军委负责兵运工作的邢士贞等。

8月28日清晨。敌人把彭湃等转押到龙华国民党淞沪警备司令部。

8月30日，敌人使用酷刑把彭湃两个膝盖压得血肉模糊，血流满地，但他坚强不屈。蒋介石亲自下令立即杀害彭湃。难友们听到这个消息，悲痛难忍，彭湃则对难友们说："这是意料中的事，你们要坚持到底，让共产主义在中国开花结果！"在生命的最后一刻，他还和杨殷给党中央写了一份秘密报告，信中说："兄弟们不要因为弟等牺牲而伤心，望保重身体为要。"

1929年8月30日，彭湃同志壮烈牺牲，年仅33岁。面对敌人的枪口，他神态自若，高呼："打倒国民党蒋介石！""中国红军万岁！""中国共产党万岁！"

1929年8月31日，中共中央发表宣言，对彭湃一生作了高度评价："他这样的革命斗争历史早已深入全国广大工农劳苦群众心中，而成为广大群众最爱护的领袖。谁不知广东省彭湃，谁不知彭湃是中国农民运动的领袖！"

2009年9月，在中央宣传部、中央组织部等11个部门联合组织的评选活动中，彭湃被评为"100位为新中国成立作出突出贡献的英雄模范人物"。

7. 黄公略
公私分明、大义灭亲的楷模

黄公略（1898年1月24日—1931年9月15日），1898年1月24日出生在湖南省湘乡，1927年加入中国共产党，是中国共产党早期领导人之一。他参加过广州起义，并和彭德怀、滕代远一起领导了平江起义。曾任中国工农红军第五军副军长、第六军军长、第三军军长，在中央革命根据地三次反“围剿”战役中屡建战功。

1930年9月，毛泽东作有《蝶恋花·从汀州向长沙》一词，词中写道：“赣水那边红一角，偏师借重黄公略。”意思是说，赣水那边根据地红旗高展，这都是依靠黄公略的努力。这是赞扬黄公略领导赣西南苏区取得的突出成就。

1931年夏，反第二次大“围剿”胜利期间，毛泽东写有《渔家傲·反第二次大“围剿”》一词，词中写道：“白云山头云欲立，白云山下呼声急，枯木朽株齐努力。枪林逼，飞将军自重霄入。”这是写黄公略率红三军取得白云山战斗胜利的词句。黄公略也由此赢得了“飞将军”的美誉。

黄公略对国民党反动派的威慑力，让国民党反动派对他恨之入骨。国民党反动派先是悬赏5万大洋捉拿黄公略，捉拿不成，又妄图用“亲情”来对黄公略进行“招抚”。

这一天，黄公略同父异母的大哥黄梅庄带着一封蒋介石致黄公略的亲笔信，前来劝降。

毛泽东获知此事后，出于对革命同志的高度信任，指示说："这个问题由公略同志自己处理。"

黄公略接到毛泽东的指示，立刻旗帜鲜明地回电表态："与黄梅庄一刀两断，并请求将黄梅庄处以死刑，将他的口供印发各军，借以教育部队提高革命警惕。"①

根据黄公略的意见，黄梅庄被处以死刑。毛泽东高度赞扬了黄公略公正无私、大义灭亲的革命坚定性。

黄公略同志是党的优秀干部，他有着深厚的阶级感情，他对自己哥哥黄梅庄的处置，使他成为公私分明、大义灭亲的楷模，共产党人不是不讲人情，但私情必须符合阶级感情。

1931年9月15日，黄公略率领部队参加方石岭追击战，歼灭国民党军第52师等部。但黄公略在指挥部队转移途中，于吉安东固六渡坳遭敌机袭击，身中数弹，壮烈牺牲，年仅33岁。

黄公略的生命虽然定格在了33岁，但他为中国革命事业作出的巨大贡献，人民和历史是不会忘记的。

1931年9月，毛泽东在黄公略的追悼会上高度评价了黄公略的一生："广州暴动不死，平江暴动不死，如今竟牺牲，堪恨大祸从天降；革命战争有功，游击战争有功，毕生何奋勇，好教后世继君来。"

2009年9月，在中央宣传部、中央组织部等11个部门组织的评选活动中，黄公略被评为"100位为新中国成立作出突出贡献的英雄模范人物"。

---

① 郭婷婷、马晓敏：《被毛泽东赞誉为"飞将军"的黄公略》，《学习时报》，2022年5月23日。

8. 张人亚
用生命守护首部党章

张人亚（1898年5月18日—1932年12月23日），1898年5月18日出生在宁波北仑霞浦镇，原名张静泉，1922年加入中国共产党，是上海最早的工人党员之一。

1922年7月，党的二大闭幕后，党中央将大会通过的章程和9个决议案，铅印成册，分发给党内的有关人员学习贯彻落实，作为早期党员的张人亚也得到了一本。除了这个小册子之外，张人亚还收藏有包括《共产党宣言》在内的马列主义著作和一些进步刊物。

1927年4月12日，蒋介石在上海发动四一二反革命政变，大肆屠杀共产党人和革命群众，白色恐怖笼罩着上海，中国革命形势急转直下。在这危急关头，张人亚首先想到的是党的文件和《共产党宣言》等马列主义书刊的安危。

他考虑再三，决定冒险将它们从上海秘密转移到宁波乡下，委托老父亲张爵谦代为保管。

1927年底，很久没有回乡的张人亚，匆匆地推开了宁波霞浦的家门。张人亚的父亲张爵谦见到儿子，喜出望外。父子俩寒暄几句之后，张人亚郑重地告诉父亲，他有一批重要文件和书刊，请父亲妥善加以保管。

张人亚离开家之后，张爵谦编造了一个“不肖儿子在外亡故”的故事，为张人亚和他早逝的妻子修了一座合葬墓穴，放了个空棺材，并用油纸把文件和书刊裹好，秘藏进空棺里。为了安全起见，张爵谦在张人亚的墓碑上少刻了一个字，“张静泉”刻成了“张泉”。

张爵谦处置好这一切之后，一直孤守着这个重大的秘密，并日夜期待着儿子有一天能回来取出这些珍贵的东西。然而，张爵谦一直盼到中华人民共和国成立，儿子张人亚也始终杳无音讯。

1951年，已近耄耋之年的张爵谦对三儿子张静茂揭开了“衣冠冢”之谜，并要求张静茂将这些文件交给上海的相关部门，再转呈中央档案馆予以保存。张静茂把从墓穴中取出的文件书刊带回上海后，还专门刻了两枚“张静泉（人亚）同志秘藏”和“张静泉（人亚）同志秘藏山穴二十余年的书报”字样的纪念图章，分别盖在文件和书报上。

张人亚用生命守护的这批珍贵文物共计36件，其中包括中国共产党第一部党章、1920年9月版的《共产党宣言》中文译本等，现在分别珍藏在中共一大、二大会址纪念馆、中央档案馆和国家博物馆。

2005年，一直没有放弃寻找张人亚下落的亲属们，偶然在1933年瑞金中央苏区出版的《红色中华》报上看到了《追悼张人亚同志》的悼词。悼词写道：“中央工农检察委员会委员中央出版局局长兼代中央印刷局局长张人亚同志，于一九三二年十二月二十三日病故于由瑞金赴汀州的路上……这是我们革命的损失，尤其是在粉碎敌人大举进攻中徒然失掉了一个最勇敢坚决的革命战士。”

9. 陈树湘

断肠明志铸忠魂

陈树湘（1905年1月30日—1934年12月18日），1905年1月30日出生在湖南省长沙县福临镇。1921年，毛泽东、杨开慧定居在长沙清水塘，从事建党活动。陈树湘因为常去长沙清水塘挑水送菜，因而结识了毛泽东、何叔衡等一批湖南早期革命活动家。

1922年夏天，陈树湘加入中国社会主义青年团，开启了革命生涯的第一步。为了启发农民的革命觉悟，他根据自己的亲身经历编写了一首歌谣："做长工，做短工，一年到头两手空；挑担子，拉车子，一年到头饿肚子。"1925年7月，陈树湘加入了中国共产党。

1927年5月21日晚，驻守长沙的武汉国民政府辖军、国民党反动军官许克祥在湖南长沙发动了"马日事变"①，面对倒在血泊中的革命烈士，陈树湘心中只有三个字："要反击！"为此，他前往武昌加入了有"铁军"之称的叶挺部队。

1927年9月，他跟随部队在江西修水参加了毛泽东领导的湘赣边秋收起义，并随部队上了井冈山。

1934年3月，陈树湘被任命为中国工农红军第五军团三十四师师

---

① 1927 年 5 月 21 日晚，驻守长沙的武汉国民政府辖军、国民党反动军官许克祥在湖南长沙发动的反革命政变。因当天电报代日韵目为"马"字，故称马日事变。

长。在第五次反"围剿"之战中，他指挥全师在泰宁一线多次击退3万余众国民党军队的进攻，完成了牵制敌军的重任。

1934年10月，中央红军在第五次反围剿战斗中失利后，被迫实行战略转移，开始了举世闻名的二万五千里长征。陈树湘奉命率部担负全军后卫。他率领部队同国民党追兵频繁激烈作战，掩护红军主力和中共中央连续突破国民党军第一至第三道封锁线。

在1934年11月下旬的湘江之战打响后，陈树湘率领部队与敌人血战四天五夜，为中央军委和主力部队顺利渡过湘江赢得了宝贵的时间，但他所统率的部队也为此付出了沉重的代价，部队从近七千人锐减至几百人。

在完成掩护红军主力和中共中央、中央军委机关抢渡湘江的艰巨任务之后，陈树湘准备率领部下强行渡江。但天上飞机轰炸，地面敌军围堵，截断了他们前进的道路。

突围战中，陈树湘腹部中弹，身受重伤，他用皮带压住伤口，躺在担架上指挥战斗。经过殊死搏斗，终于有100多人冲出了包围圈。当部队到达道县泗马桥时，遇到国民党地方保安团的截击。

危急关头，受伤的陈树湘决定牺牲自己，他和2名警卫员一起鸣枪示警，主动暴露目标吸引敌人的注意力，为其他战友争取生的机会。最终，陈树湘打光了所有子弹，不幸被敌人逮捕。

面对敌人的审讯，陈树湘只字不吐露。敌人要为他医治伤口，他也坚决不配合。

1934年12月18日拂晓，陈树湘被道县保安押送进道县县城，准备向上司邀功请赏。上午八点许，一行人行至道县蚣坝镇石马神村时，陈树湘乘敌不备，忍着剧痛，从腹部伤口处掏出肠子，用力绞断，壮烈牺牲，年仅29岁，践行了自己"为苏维埃新中国流尽最后一滴血"

的铮铮誓言。

2009年9月，在中央宣传部、中央组织部等11个部门联合组织的评选活动中，陈树湘被评为“100位为新中国成立作出突出贡献的英雄模范人物”。

10. 刘伯坚

恪守入党誓词，永不叛党

刘伯坚（1895年1月9日—1935年3月21日），1895年1月9日出生在四川巴中县（今平昌县），1920年赴欧洲勤工俭学，在那里，他接受了共产主义思想；1921年他与周恩来等发起组织旅欧中国少年共产党，1922年转为中国共产党党员。

1931年11月，中央军事政治学校（1932年改称中国工农红军学校）在瑞金建校，刘伯坚任政治部主任。这是中国共产党创办的第一所政治干部学校。

1935年3月4日，时任赣南军区政治部主任的刘伯坚率部队突围时左腿负伤不幸被捕。

敌军团长亲自出面进行劝降，刘伯坚义正严词回绝："我干革命就是顺应历史潮流，要干革命就得有危险。没有危险就没有革命，没有牺牲就没有工农大众的解放。"

敌人见劝降无效，便给刘伯坚戴上十多斤重的铁镣游街示众，妄图从精神上瓦解他的斗志。刘伯坚昂首挺胸，并向两边围观的群众频频点头致意，表现出共产党人宁死不屈的英雄气概。回到监狱，他写下了著名的《带镣行》。

"带镣长街行，蹒跚复蹒跚；市人争瞩目，我心无愧怍。带镣长街行，镣声何铿锵；市人皆惊讶，我心自安详。带镣长街行，志气愈轩昂；拚作阶下囚，工农齐解放。”

在监狱里，敌人逼迫刘伯坚辨认所有被俘的人。刘伯坚望着朝夕相处的战友，摇头说：“我不认识他（她）。”后来，许多被俘的同志被当成普通战士和一般群众给释放了。

1935年3月21日，刘伯坚在江西省大余县金莲山上被敌人杀害，壮烈牺牲，年仅40岁。

自被捕的第一天起，刘伯坚就抱定了以死殉义的坚定决心。在狱中，他知道自己必死无疑，唯一让他放心不下的是被寄养在老乡家的虎、豹和熊三个孩子，特别是熊刚刚满月。他先后写了三封信给几位兄嫂，把三个儿子托付给她们。其中一封写道：“我为中国革命，没有一文钱的私产。三个幼儿的养育，都要累着诸位兄嫂……为了中国民族，就为不了家和个人……”

刘伯坚临刑前，还给妻子王叔振写下一封绝笔信，嘱咐她：“望你无论如何要为中国革命努力，不要脱离革命战线，并要尽一切力量教养虎、豹、熊三幼儿成人。”

令人痛心的是，王叔振并没有看到刘伯坚这封绝笔信，她在刘伯坚牺牲的前几天，就在闽西游击区光荣牺牲了。

1938年，毛泽东同志为刘伯坚的碑文题词，称赞他“是中国共产党的早期优秀党员，中国工农红军早期优秀将领，无产阶级革命家，我党我军政治工作第一人”。

2009年9月，在中央宣传部、中央组织部等11个部门联合组织的评选活动中，刘伯坚被评为“100位为新中国成立作出突出贡献的英雄模范人物”。

11. 江竹筠
受尽酷刑仍严守党的秘密

江竹筠（1920年8月20日—1949年11月14日），1920年8月20日出生在四川省自贡市大安区大山铺镇江家湾。1939年，她加入中国共产党。

1943年的重庆是国民党统治的中心地带，共产党人的地下工作充满了危险，形势非常复杂严峻。党组织出于安全考虑，决定派江竹筠假扮重庆市委第一委员彭咏梧的妻子，协助他进行革命工作。此时，江竹筠为地下党重庆新市区区委委员。后二人正式结为夫妻。

1947年，彭咏梧任中共川东临时委员会委员兼下川东地委副书记，领导武装斗争。江竹筠以川东临委及下川东地委联络员的身份和丈夫一起奔赴斗争最前线。

1948年1月16日，彭咏梧在下川东武装起义中，率部与敌人遭遇，壮烈牺牲，头颅被敌人砍下悬挂在城楼上示众。

组织上考虑到江竹筠遭受到巨大打击，安排她回到重庆工作，也方便照顾儿子彭云，但她拒绝了。她说："这条线的关系只有我熟悉，我应该在老彭倒下的地方继续战斗。"

1948年6月14日，由于叛徒出卖，江竹筠不幸在重庆万县被捕。6月15日，她与地下党万县县委副书记李青林等一起由万县转押至重庆渣滓洞看守所。

在狱中，江竹筠受尽国民党军统特务的各种酷刑，吊索、带刺的钢鞭、撬杠、电刑……甚至把竹签钉进她的十指。江竹筠多次痛得昏死过去，又被敌人用凉水浇醒。

国民党特务想从江竹筠身上打开缺口，以破获重庆地下党组织。面对敌人的酷刑，江竹筠始终坚贞不屈："你们可以打断我的手，杀我的头，要组织是没有的。""毒刑拷打，那是太小的考验。竹签子是竹子做的，共产党员的意志是钢铁铸成的！"

江竹筠的坚贞不屈，感动了狱中难友，他们自发地秘密展开了慰问活动，并亲切地称她为"江姐"。

1949年8月26日，江竹筠将吃饭时偷偷藏起的筷子磨成竹签，蘸着由烂棉絮烧成灰与水调和在一起制成的墨水，在毛边纸上写下了一封致她的表弟谭竹安的信。信中写道：

"假若不幸的话，云儿就送你了，盼教以踏着父母之足迹，以建设新中国为志，为共产主义革命事业奋（斗）到底。

"孩子们决不要骄（娇）养，粗服淡饭足矣。么（幺）姐是否仍在重庆？若在，云儿可以不必送托儿所，可节省一笔费用。你以为如何？就这样吧。愿我们早日见面。握别。愿你们都健康。"

信写好后，江竹筠通过争取过来的看守黄茂才，悄悄地把信带出了监狱，辗转交给了谭竹安。没想到，这封信成了江竹筠留给亲人的绝笔。

1949年11月14日，在重庆即将解放的前夕，江竹筠被国民党军统特务杀害于歌乐山电台岚垭，年仅29岁。

2009年9月，在中央宣传部、中央组织部等11个部门联合组织的评选活动中，江竹筠被评为"100位为新中国成立作出突出贡献的英雄模范人物"。

12. 陈波 一张血染的党证

在河南信阳鄂豫皖苏区首府革命博物馆内，陈列着一张沾满血渍的特殊党证。

党证布制，长方形，中上方印有两颗五角星、列宁和斯大林头像及党证字样，下方印有一个宽11.5厘米、高10厘米的长方形表格，栏内写有持证人的姓名、参军时间、入党时间、颁发单位及颁发时间等。它的主人是开国将帅之一的独臂将军陈波。

这张党证是川陕苏区党组织颁发给“优秀共产党员”的首批党证中的一张，当时共颁发了2000张，陈波将军的这张是目前唯一保存下来的。

陈波（1908年—2009年12月3日），原名陈汉清，1908年出生在麻城乘马九乡（现属河南新县），1929年加入中国共产党，同年参加中国工农红军，1955年被授予少将军衔，曾荣获二级八一勋章、二级独立自由勋章和二级解放勋章，并曾获一级红星功勋荣誉章。

1923年6月，中共三大通过的《中国共产党第一次修正章程》规定：“党员自请出党，须经过区之决定，收回其党证及其他重要文件，并须由介绍人担保其严守本党一切秘密，如违时，由区执行委员会采用适当手段对待之。”这是中国共产党最早作出的关于“党证”的规定。

1934年4月1日，中央组织局发布了《关于保护党证的决定》，对党证的重要性及遗失处罚办法作出规定：“党证对每个党员有同他入党一样的重要意义，每个党员都应完全负责保存他自己的党证……如因自己不注意妥当保存党证而致遗失或者无故遗失党证的，应受党纪律上的处分。”

1934年10月，红四方面军党组织为激励广大党员英勇奋斗，决定给优秀党员签发党证。签发党证前，每一位党员都要在支部会上介绍自己的家庭出身、社会关系、个人简历、作战表现等，再经群众评议、支委会通过，呈报上级党组织批准，才能签发党证。在党员评议会上，时任宣传委员的徐向前说：“我们的支部书记陈汉清同志出身贫苦，工作积极，作战勇敢，同意发给党证。”

陈波领到党证后，缝了一个小皮囊别在腰带上，将党证和交党费的铜钱放到里面珍藏。

1941年3月的一天，时任八路军前总特务团副团长的陈波在向战士们介绍滚雷的使用方法并进行示范时，发生了意外爆炸，陈波倒在血泊之中。经全力抢救，陈波虽然保住了性命，却失去了一条胳臂，两条腿也无法弯曲。

陈波苏醒后，发现腰间的小皮囊不见了。他焦急地向护士询问，护士在他的血衣里找到了那个小皮囊，里面的党证浸满了鲜血。

陈波将军一生南征北战，戎马倥偬，无论身在何处，党证始终不离身。他回忆说：“穿越敌人封锁线时，上级为防暴露身份，要求把党证销毁，但我始终没舍得，揣着党证打天下，遇到难关摸摸腰间的党证，就信心十足，勇气倍增。”

2009年12月3日，陈波因病医治无效在北京逝世，享年101岁。

13. 贺龙
党要我怎么干，我就怎么干

贺龙（1896年3月22日—1969年6月9日），1896年3月22日出生在湖南桑植洪家关，1927年9月加入中国共产党，是中国人民解放军的创始人和主要领导者之一。1955年被授予中华人民共和国元帅军衔。

贺龙早年投身孙中山领导的民主革命斗争，几经起落，不断探索救国救民的真理。五四运动之后，他接触到了共产主义的思想。

他说："我在旧社会见过各种人，碰到过各种主义，选择来选择去，最后认定只有共产党才能救中国。从此以后，我就把自己的一生献给了党和共产主义。"

贺龙曾是著名的北伐军高级将领。蒋介石、汪精卫都竞相对他进行游说拉拢，并许以高官厚禄。但贺龙不为所动，毅然决然地脱下皮鞋穿草鞋，投身到工农革命的时代洪流之中。

1927年7月初，周恩来到贺龙公馆登门拜访。周恩来对贺龙说："疾风知劲草，我们对你是很钦佩的。"贺龙说："我一直追求能让工农大众过上好日子的政党。最后，我认定共产党是最好的党，我服从共产党领导。"

7月23日，贺龙率部抵达九江，谭平山代表党中央向他通报了举行南昌起义的决定，希望他率领部队一致行动。贺龙感谢党中央的信任，坚决表示："赞成！我完全听从共产党的指示。"

7月28日，周恩来在南昌郑重向贺龙宣布，前敌委员会决定任命他为此次起义的总指挥。贺龙激动万分，紧紧握住周恩来的手说："党要我怎么干，我就怎么干！"

8月1日凌晨，南昌城头的枪声，揭开了中国共产党领导武装斗争的历史序幕。作为起义的主要军事指挥员，贺龙从此与人民军队的光荣历史紧紧联系在了一起。

9月初，起义军南下途中，在瑞金锦江中学的一间教室里，周恩来主持贺龙入党宣誓仪式。贺龙在入党后向官兵宣布："我过去没有参加共产党时，我带的军队是我的。今天，我加入了中国共产党，连我的脑壳都是党的，党要我怎么做，我就怎么做，军队也属于党的，要听共产党的领导，绝对服从党的命令。"①

1969年6月8日，贺龙在糖尿病病情恶化的情况下被注射葡萄糖，9日即因糖尿病酸中毒而含恨离世，时年73岁。

1974年9月29日，中共中央发出《关于为贺龙同志恢复名誉的通知》（以下简称《通知》），《通知》指出：林彪要整贺龙蓄意已久，早在1966年就向中央提出，贺龙历史上曾向国民党反动派"请求收编"和"阴谋篡军反党"等问题，要进行审查。

在九一三事件发生以前，对贺龙问题的审查，一直为林彪、黄永胜、吴法宪、叶群、李作鹏等人所把持。

九一三事件以后，中央直接对贺龙的问题进行了审查。经中央查证甄别：

一、所谓"通敌"问题，完全是颠倒历史，蓄意陷害。

二、所谓"阴谋篡夺军权"和支持军队一些单位的人"篡夺军

---

① 薛艳晓：《贺龙：脑壳砍了也要跟着共产党》，《学习时报》，2018年6月6日。

权”的问题，经过调查，并无此事。

三、关于所谓贺龙搞“二月兵变”的问题，纯系讹传。[①]

1982年10月16日，中共中央发出《关于为贺龙同志彻底平反的决定》，高度评价贺龙同志的一生是“战斗的一生，革命的一生，光辉的一生”。

① 《1974年9月29日　中共中央为贺龙恢复名誉》，人民网，2011年9月29日。

14. 叶剑英
维护党的团结与统一的典范

叶剑英（1897年4月28日—1986年10月22日），1897年4月28日出生在广东省梅县雁洋堡。他少年在学校读书时受到辛亥革命的影响，立志报效国家。

他投身于孙中山先生领导的民主主义革命，征讨桂系军阀，抗击陈炯明叛军，护卫孙中山脱险；他参与创办黄埔军校，驰骋东征和北伐战场，成为国民革命军的名将。他从斗争实践中认识到，只有马克思列宁主义和中国共产党才能救中国。1927年4月12日，蒋介石发动四一二反革命政变，时任国民革命军新编第二师师长的叶剑英毅然通电反蒋。1927年7月，他在严重的白色恐怖中秘密加入了中国共产党。

1927年南昌起义前，叶剑英得知汪精卫阴谋加害叶挺、贺龙，立即冒着巨大风险找到他们商量对策，最终决定叶挺和贺龙指挥的部队迅速向南昌开进，使敌人阴谋没有得逞，打响了南昌起义的第一枪。

1935年1月，党中央在遵义召开政治局扩大会议。在这个重大历史转折中，叶剑英坚决拥护毛泽东的正确主张。

1935年8月，党中央政治局在毛儿盖召开会议，决定部队分左、右两路军过草地北上甘南。率领左路军的张国焘，进行分裂党和红军的活动，拒绝执行党中央的北上方针，并企图危害党中央。

叶剑英识破了张国焘的阴谋，立即把情况向毛泽东做了汇报。党中央在巴西地区召开紧急会议，决定迅速率领红一方面军主力北上，终于脱离险境。叶剑英在这个危急关头保护了党中央。毛泽东同志后来曾多次称赞叶剑英同志在这一关键时刻“救了党，救了红军”，为党为革命建立了一个大功。

1976年，周恩来、朱德、毛泽东等老一辈无产阶级革命家相继逝世，“四人帮”反革命集团加紧进行篡夺党和国家最高领导权的阴谋活动。10月，在党和国家面临危险的紧急时刻，叶剑英和党中央政治局其他同志一道，根据政治局多数同志的意见，代表党和人民的意志，毅然粉碎了“四人帮”反革命集团，从危难中挽救了党。在这场关系着党和国家命运的斗争中，叶剑英起到了决定性的作用。

1986年10月22日，叶剑英同志在北京逝世，享年89岁。

叶剑英同志党性坚强，信念坚定，在重大和紧要的历史关头，他总是挺身而出，力挽狂澜，表现出伟大的革命气魄和高超的斗争艺术。毛泽东同志给予他很高的评价，说他是“诸葛一生唯谨慎，吕端大事不糊涂”。周恩来同志也引用“疾风知劲草，板荡识诚臣”来赞誉他。

叶剑英同志所作的“矢志共产宏图业，为花欣作落泥红”的诗句，是他不懈奋斗的光辉一生的真实写照。

15. 邓恩铭 为国牺牲殇是福

邓恩铭（1901年1月5日—1931年4月5日），1901年1月5日出生在贵州荔波，祖籍是广东梅州。他是中国共产党创始人之一，也是中国共产党第一次全国代表大会中12位代表之一。当时，邓恩铭才20岁，是12名代表中年纪最小的一位。

1922年1月，邓恩铭赴莫斯科参加共产国际召开的远东各国共产党和民族革命团体第一次代表大会。在莫斯科期间，那里实行的每日面包分配标准让他终生难忘，其标准是：红军士兵2磅，工人1.5磅，机关人员1磅，共产党员0.75磅。他认为，共产党员就应该吃苦在前，享受在后，并以此来严格要求自己。

1922年6月，邓恩铭从苏联回到山东后，积极投身于山东党组织的创建、领导开展山东工人运动。他家乡的父母，听说儿子在山东从事革命活动，既担心又害怕，连续给他写信，说在家乡给他定了亲，让他赶紧回家结婚。邓恩铭明白，这是父母想以此来拖住自己。

1924年5月8日，邓恩铭在给父亲的回信中写道："儿生性与人不同，最憎恶的是名与利，故有负双亲之期望，但所志既如此，亦无可如何。"并坚定地表示"儿主张既定，决不更改"。

邓恩铭曾经写有《决心》一诗："读书济世闻鸡舞，革命决心放胆尝，为国牺牲殇是福，在山樗栎寿嫌长。"这首诗的意思是说，我天不亮就起床读书，就是为了救国救民；为了革命事业，我要卧薪尝胆；为了祖国为了人民而牺牲，即使是年纪轻轻，也是幸福的；而要做一个无用的人，即便是活得长久，也没什么意义。这首诗表达了自己为革命视死如归的决心。

1925年8月下旬，邓恩铭担任了中共山东地方执行委员会委员，并任书记；9月他接到弟弟的来信，说家乡遭灾，米价飞涨，希望他能寄点钱回家，帮助家中老小渡过灾荒。

邓恩铭收到信之后，给弟弟回了一封信，信中写道："我从济南回到青州，就知道家乡米贵。但是我没有分文汇回去，使老少少受点穷苦，实在是罪过！"

以邓恩铭当时的职位，他要是有私心的话，弄点钱接济家人并不难，但他宁愿亏欠家里，也不愿意违反党的纪律。

邓恩铭投身革命后，再没有回到故乡，对此他曾赋词明志："长期浪迹在他方，决心肠，不还乡。为国为民，永朝永夕忙。要把时潮流好转，大改造，指新航。年来偏易把情伤，披棘荆，犯星霜，履险如夷，不畏难经常。天地有时留我在，宣祖国，勃兴强。"这首词作表达了他为了祖国和民族要不舍昼夜、忘我地进行工作，要把自己的生命奉献给祖国，奉献给天下百姓，无论任何艰难险阻，都阻挡不了自己革命的决心，革命的目的，就是希望天地旧貌换新颜。

1929年1月19日，因叛徒出卖，邓恩铭被捕入狱。面对敌人的诱惑和酷刑，他坚贞不屈，在狱中他还组织了两次绝食斗争、两次越狱斗争，使部分同志得以脱险，但他却被打入死牢。

1931年3月，邓恩铭给家人写了最后一封诀别信，信中写有一首诀别诗："卅一年华转瞬间，壮志未酬奈何天，不惜惟我身先死，后继频频慰九泉。"表达了舍生取义的家国情怀和对革命后继有人的坚定信心。

1931年4月5日凌晨，邓恩铭被押赴刑场，壮烈牺牲，年仅30岁。

2009年9月，在中央宣传部、中央组织部等11个部门联合组织的评选活动中，邓恩铭被评为“100位为新中国成立作出突出贡献的英雄模范人物”。

16. 申纪兰 跟党中央始终保持高度一致

申纪兰（1929年12月29日—2020年6月28日），1929年12月29日出生在山西省平顺县龙溪镇杨威村的一个农民家庭。1953年9月，她加入了中国共产党；1954年，她当选为第一届全国人大代表，参加了第一届全国人民代表大会。她是唯一一位连任十三届的全国人大代表。申纪兰这一辈子，始终跟党中央保持高度一致。

1943年，西沟村共产党员李顺达响应毛泽东主席“组织起来”的号召，领导6户农民办起了“李顺达互助组”。1946年，申纪兰一嫁到西沟村，就申请加入了这个互助组。

1951年12月，西沟初级农业生产合作社成立，申纪兰被选为副社长。她发动西沟妇女参加农业生产，争取实行了男女同工同酬，提高了妇女的社会地位。在农业合作化高潮中，毛泽东曾赞扬过他们这个合作社。

1971年至2017年，申纪兰先后担任平顺县委副书记、晋东南地区妇联委员、山西省妇联主任、长治市人大常委会副主任等职务。几十年来，她始终坚持“不领工资、不转户口、不定级别、不坐专车、不要住房、不脱离农村”。

申纪兰不管是在年轻时还是在年老时，都一直坚信党的方向，跟党中央保持高度一致，而且是发自内心的坚定不移。

1978年之后，新的精神和决策，申纪兰理解起来有些困难，比如“包产到户”。因为西沟村的光荣来自合作社、来自集体。申纪兰开始时内心充满疑惑，但她还是和年轻时一样，坚信党的方向，“自己不能理解，那是自己的水平觉悟低”。如果再追问，她就慷慨激昂地把手扬起来说：“就是党和毛主席，领导四万万人民翻身做主人，党不会错。”那种发自内心的坚定不移，就像西沟接待中心的一位党支部书记所形容的：“她对党的感情，是掏心掏肺的真。”

申纪兰小时候因为家穷，没有读过书，不识字，但为了听新闻、看报纸，领会党的新文件、新精神，她开始学识字。她坚持每天看《新闻联播》，十七大闭幕后，她花了40天的时间，每天早起，一字一句抄写完党的十七大报告。她身边的人说：“虽说没念过书，但她的理论水平高着呢。”

2009年5月25日，习近平同志到平顺西沟考察调研时指出：“西沟60多年的发展，是社会主义革命、建设和改革开放的缩影，特别是李顺达、申纪兰的劳模精神，需要好好总结和发扬。”①

申纪兰曾荣获“全国劳动模范”“全国优秀共产党员”“全国脱贫攻坚‘奋进奖’”“改革先锋”等光荣称号；2009年9月，在中央宣传部、中央组织部等11个部门联合组织的评选活动中，她被评为“100位新中国成立以来感动中国人物”；2019年，她获得“共和国勋章”。

2020年6月28日凌晨，申纪兰在山西长治逝世，享年91岁。

① 《总书记这样点赞：纪兰精神代代相传》，求是网，2020 年 6 月 30 日。

17. 侯殿禄
不信邪的硬汉

侯殿禄（1936年10月21日—2023年1月），1936年10月21日出生在甘肃省古浪县，他1954年参军，1956年入党，在部队3次荣立三等功。

1986年起，侯殿禄接手古浪县黑松驿乡司法所所长兼司法助理员的工作。他在担任黑松驿乡司法助理员的14年间，总计参与调解民间纠纷623起，使108个濒于破裂的家庭重归于好，使35起持械对峙、大动干戈的冲突化险为夷。

1988年11月，小坡村一名妇女因难产而死。家人要把她埋在邻近芦草沟村的一块坡地上。芦草沟村有人认为不吉利，竭力反对，双方相持不下。

侯殿禄闻讯，马上顶风冒雪赶到10公里外的现场，同其他乡干部连续调解两天两夜，却没有效果。

第四天一大早，小坡村人把尸体抬上山，挖坑准备埋葬，芦草沟村受到迷信观念影响的群众聚集坑边拦阻。争斗一触即发。侯殿禄在雪地里奔来跑去，终于把双方暂时劝住了。

当天晚上，两村的村民又在山岭上摆开了阵势，数百人手持棍棒、铁锹，怒目相对。侯殿禄赶紧叫人把尸体放回原地，并忍着一些人的辱骂，警告双方村民谁也不准动手，并反复讲解破除迷信、移风易俗的道理。

他的苦口婆心终于感动了群众，第五天，双方同意就地土法火化尸体。然而谁都不愿沾上“邪气”，没有人提供木柴。他只好自己雇来拖拉机从山下拉来木柴、煤油。临近山岭，拖拉机上不去，瘦弱的侯殿禄弯着腰，迎着呼啸的北风、纷飞的大雪，走两步退一步，一点一点把木柴背上山。此时，已是晚上9点多钟了。

这时，人们都躲得远远的。侯殿禄扯着沙哑的嗓子说：“我是共产党员，不信鬼，我来火化！”

他从笔记本上撕下几页纸，解开棉袄挡住风，点燃木柴。一直烧到次日凌晨 2 时，近零下30摄氏度的山顶上只剩下他和乡党委书记、干事 3 个人。此时，侯殿禄已有90多个小时没挨一下热炕、没吃一口热饭了。

看到侯殿禄这样拼命地工作，不辞劳苦地为群众解决纠纷，有人便问他：“你这样干图个啥？”侯殿禄说：“我图的是乡亲们能过上安稳日子。”

1997年7月，侯殿禄被司法部授予“司法行政系统一级英雄模范”称号，同年8月，侯殿禄被人事部、司法部授予“模范公务员”称号。

2000年7月，侯殿禄离开了自己奉献了十多年的工作岗位，退休了。但他退休不退岗，他积极参加社区公益活动，热情为居民服务，参与辖区矛盾纠纷调处，为民排忧解难。

他依然关心着基层人民的调解工作，关注着司法行政事业的发展。他说：“成绩只能说明过去，而共产党人肩负的历史使命任重道远。”

2023年1月，侯殿禄因病逝世，享年86岁。

二

严格遵守党的组织纪律

党的组织纪律，是处理党组织之间、党组织同党员之间关系的纪律，是党维护组织上团结统一的原则与规范，是保持党的战斗力的基本条件。

习近平总书记指出："党的力量来自组织，组织能使力量倍增。我们党是按照马克思主义建党原则建立起来的政党，我们党以民主集中制为根本组织制度和领导制度，组织严密是党的光荣传统和独特优势。"①

一百多年来，中国共产党之所以能够从弱小到强大，从苦难到辉煌，栉风沐雨、历经坎坷，不断从胜利走向胜利，发展成为世界第一大执政党，从根本上讲，靠的是理想信仰的支撑，靠的是马克思主义理论的指导，靠的是严密的组织体系、严明的组织纪律做保证。从革命到建设到改革，严密的组织和纪律是我们党独特的优势和成功的保障。

党的组织纪律要求党组织和党员坚持民主集中制，严格执行重大问题请示报告制度，强化程序观念和组织观念，严格执行干部选拔任用规定。

---

① 习近平：《严明党的组织纪律，增强组织纪律性》，《十八大以来重要文献选编》（上），中央文献出版社 2014 年版，第 765 页。

18. 恽代英
八条“自助的戒约”

恽代英（1895年8月12日—1931年4月29日），原籍江苏武进，1895年8月12日出生在湖北武昌，1921年加入中国共产党，是中国共产党创建时期的重要领导人之一。

恽代英极具自省精神。他以记日记的方式不断反省自己的言行。从1909年到1919年，恽代英不间断地记了十年的日记。在他的日记中，几乎每天都有自省记录。

比如，1919年12月18日，他在日记中写道：“与绍文商工读互助社，态度大不良，殊为非是。以后不愿加入之事，莫故讨论。始为儿戏，继挑反感，在自己为无谓之逞意，在他人或以为故意轻嫚，有何道理而作此愚笨事耶？”①

这是反省自己跟人商量事情时的不良态度。恽代英是把日记作为“以是观吾行”的重要手段，一日三省吾身，以此鞭策自己改正错误，弥补不足。

1917年10月8日，他在日记中还给自己定了八条“自助的戒约”：

（一）不谈人之过；（二）不失信；（三）不恶待人；（四）

① 《恽代英日记》，中央党校出版社，1981年版，第677页。

不做无益事；（五）不浪费；（六）不轻狂；（七）不染恶嗜好；（八）不骄矜。①

加入中国共产党之后，他更是用党的纪律来严格约束自己，严格执行党的纪律。

1927年4月27日至5月9日，中共五大在武汉召开，恽代英当选为中央委员。会上，他同瞿秋白、毛泽东一道对陈独秀的右倾投降主义进行批评，迫使陈独秀作了检查。

1930年，党中央的领导人李立三推行“左”倾路线，主张全国暴动。恽代英对李立三的“左”倾盲动错误进行了批评和抵制。

1930年5月6日，恽代英不幸被捕。为了掩护自己的身份，他化名叫王作霖。在狱中，他受尽各种酷刑，依然坚不吐实。

他还写下了一首气吞山河的《狱中诗》：“浪迹江湖忆旧游，故人生死各千秋，已摈忧患寻常事，留得豪情作楚囚。”

恽代英被捕入狱后，党组织想方设法营救他，就在他即将被提前释放时，被叛徒顾顺章出卖。

1931年4月29日，恽代英在南京国民党中央军人监狱遇害，年仅36岁。

牺牲前，恽代英留下了这样一段感人肺腑、撼人心灵的话：“我身上没有一件值钱的东西，只有一副近视眼镜，值几个钱。我身上的磷，仅能做四盒洋火。我愿我的磷发出更多的热和光，我希望它燃烧起来，烧掉过老的中国，诞生一个新中国！”

1950年，周恩来总理为纪念恽代英殉难19周年题词，对他的一生作了高度的概括：“中国青年热爱的领袖——恽代英同志牺牲已经19

① 《恽代英日记》，中央党校出版社，1981年版，第159页。

年了，他的无产阶级意识、工作热情、坚强意志、朴素作风、牺牲精神、群众化的品质、感人的说服力，应永远成为中国青年的楷模。”叶剑英在题词中写道：“青年模范，人民英雄。”

2009年9月，在中央宣传部、中央组织部等11个部门联合组织的评选活动中，恽代英被评为“100位为新中国成立作出突出贡献的英雄模范”。

19. 蔡和森
正气凛然斗佞邪

蔡和森（1895年3月30日—1931年8月4日），1895年3月30日出生在湖南省双峰县永丰镇，是中国共产党早期的重要领导人，担任过中共中央代理秘书长、中共中央宣传部部长、中共两广省委书记。他是最早提出“中国共产党”名称的无产阶级革命家，是中共系统传播列宁建党学说的第一人和中国共产党的创始人之一，也是最早提出“党的纪律为铁的纪律”这一科学概念的革命先驱。

1920年9月16日，蔡和森给毛泽东写信探讨建立中国共产党的问题时，在信中写道：“党的组织为极集权的组织，党的纪律为铁的纪律，必如此才能养成少数极觉悟极有组织的分子，适应战争时代及担负偌大的改造事业。”毛泽东非常认同蔡和森的观点，回信道：“见地极当，我没有一个字不赞成。”

蔡和森不仅最早提出“党的纪律为铁的纪律”这一科学概念，而且也是始终严格执行党的纪律的典范，敢于同违反党纪的人做不妥协的斗争。

1921年底，蔡和森从法国学成归国。此时，中共中央正在筹备第二次全国代表大会，但中共内部却出现了李汉俊、何孟雄等人反对党的民主集中制、反对党的纪律的杂音。蔡和森对这种杂音进行了严肃的批评。他明确指出“李汉俊等人把民主集中制和铁的纪律与独裁、专制等同起来，显然是不正确的”。他还批评了张国焘的小组织问题，认为“国焘问题在表面上是态度问题，实际上是纪律问题，不明白党员与党员的关系和上级机关与下级机关的关系，根本上反对纪律和集中制”。

1931年6月，蔡和森在组织广州地下工人运动时遭叛徒出卖被捕。在国民党的广州军政监狱，他受尽各种酷刑，但他横眉冷对，绝不透露党的半句秘密。敌人无计可施，8月4日，他壮烈牺牲，年仅36岁。

蔡和森牺牲后，他的母亲葛健豪写有挽子蔡和森联：“人走太匆匆形不见音不闻献身革命鲜血染华夏；耗来何急急祖吞声孙吞泪育孤成材绿树慰英灵。”茅盾曾写下《怀念和森同志》：“建党初期理论家，蔡公健笔万人夸。当年海上环龙路，正气凛然斗佞邪。”赞颂了蔡和森同志对中国革命的巨大理论贡献，尤其是他在上海等地主编党中央机关报《向导》周报的光辉业绩。

毛泽东同志在延安的一次谈话中曾高度评价蔡和森：“一个共产党员应该做的，和森同志都做到了。”周恩来同志也说过：“和森同志是永远值得我们怀念的。”邓小平同志1979年9月27日为《蔡和森文集》题词：“蔡和森同志是我党早期的卓越领导人之一，他对中国革命作出了重大的贡献，中国人民永远记着他。”

2009年9月，在中央宣传部、中央组织部等11个部门联合组织的评选活动中，蔡和森被评为“100位为新中国成立作出突出贡献的英雄模范”。

20. 瞿秋白
神色不变，坦然走向刑场

瞿秋白（1899年1月29日—1935年6月18日），1899年1月29日出生在江苏常州。1922年春，他加入中国共产党，是中国共产党早期主要领导人之一。他既是一位伟大的革命家，也是一位杰出的思想家。他曾担任《新青年》等刊物主编，发表了大量政论文章，运用马克思主义分析中国国情，考察中国社会状况，论证中国革命问题，为党的思想理论建设作出了开创性的贡献。

1927年4月27日至5月9日，中国共产党第五次全国代表大会在武汉召开。1927年4月12日，蒋介石发动了四一二反革命政变，大肆屠杀共产党人和革命群众，大革命遭到了局部的严重失败。面对错综复杂的矛盾和尖锐激烈的斗争，中国共产党必须对形势有清醒的认识并采取果断行动，才能挽救革命。中共五大，就是在这样的背景下召开的。

在五大会议上，瞿秋白与陈独秀的右倾错误进行了有力的抗争。开会的第二天，每个代表的座位上都放着一本小册子，封面上印着：《中国革命中之争论问题》，瞿秋白著。该书列举了1923年至1927年党内领导层右倾错误17例，矛头直指陈独秀以及共产国际代表的右倾机会主义错误。

1931年1月，瞿秋白遭受王明“左”倾错误路线迫害，被解除了中央领导职务。但他并没有因此而消退革命意志，他到了白色恐怖笼罩的上海，和鲁迅并肩战斗，一起领导左翼文化运动。

1934年，中央红军长征后，瞿秋白根据组织的安排，留守苏区坚持游击战争。

1935年2月24日，瞿秋白在向香港转移途中，不幸在福建长汀濯田梅迳村被捕。宋希濂曾亲自审问瞿秋白，并打算劝降他。瞿秋白告诉他："我想在离开这个世界之前，回顾往事，剖析自己，让后人全面地了解我，公正地对待历史。但是，这里边没有共产党的组织名单，也没有红军的军事情报。如果你今天要问的是这些，那是会白费时间的。"

敌人软硬兼施都不能使瞿秋白屈服，1935年6月16日，蒋鼎文转发蒋介石密电，命令宋希濂对瞿秋白"就地枪决，照相呈验"。

1935年6月18日临刑前，瞿秋白神色不变，坦然走向刑场，沿途用俄语唱《国际歌》，还唱《红军歌》。到刑场后，他盘足而坐，回头微笑着对刽子手说："此地甚好。"高呼"中国共产党万岁""共产主义万岁"等口号，饮弹洒血，从容就义，年仅36岁。

瞿秋白的一生是革命的一生、战斗的一生，是严守党的纪律的一生，是宣传马克思主义的一生，他为马克思主义在中国的传播以及探索马克思主义中国化，作出了不可磨灭的贡献。他是中国报道十月革命后苏俄实况的第一人。他是中国用文艺体裁描写列宁风采的第一人。他是中国完整译配《国际歌》词曲的第一人。其中"因特纳雄纳尔（Internationale）"就是根据音译过来的，并一直沿用至今。他创作了歌颂中国工农革命的第一首歌曲。1923年，瞿秋白作《赤潮歌》，热情地歌颂了工农革命。他创办了我党第一张日报。1925年6月4日，瞿秋白在上海创办了《热血日报》。他是主办人，也是主要撰稿人。他是系统地给中国读者介绍马列主义文学艺术理论的第一人。

1950年12月31日，毛泽东为《瞿秋白文集》题词，高度赞扬他说："在革命困难的年月里坚持了英雄的立场，宁愿向刽子手的屠刀走去，不愿屈服。他的这种为人民工作的精神，这种临难不屈的意志和他在文字中保存下来的思想，将永远活着，不会死去。"

2009年9月，在中央宣传部、中央组织部等11个部门联合组织的评选活动中，瞿秋白被评为"100位为新中国成立作出突出贡献的英雄模范人物"。

21. 刘志丹 严格执行上级决定

刘志丹（1903年10月4日—1936年4月14日），1903年10月4日出生在陕西省保安县（今志丹县）金丁镇。1924年冬，他加入中国社会主义青年团；1925年加入中国共产党。

1935年9月，红二十五军长征到达陕北，与西北红军组成红十五军团，刘志丹任副军团长兼参谋长。

1935年10月，在王明“左”倾冒险主义统治党中央期间，西北根据地内发生了后果十分严重的“肃反”事件。刘志丹也成了肃反的对象。

10月6日，正在前线的刘志丹无意间从瓦窑堡后方领导机关来的一位通讯员的手中接到一封急信。他打开一看，竟是逮捕密令。密令逮捕陕甘边苏维埃政府主席习仲勋和原红二十六军、红二十七军大部分领导人的名单，他被列在第一名。

刘志丹对“左”倾冒险主义者这种迫害同志的卑鄙行径非常痛恨，但是为了党的团结和统一，不使红军自相残杀，不给敌人以可乘之机，他决定把个人的安危置之度外。他把信交还通讯员后说：“你把信送去，告诉他们，我自己去瓦窑堡了。”

他本想向中共中央驻西北代表团提出申诉，但他来到瓦窑堡之后，竟被“左”倾冒险主义者不容分辩地投入监狱。直到毛泽东、周恩来同志率领中央红军到达陕北根据地，刘志丹同志才重获光明。

当刘志丹伤痕累累地回到家时，他的妻子同桂荣哭着痛骂“左”倾分子太残酷无情。刘志丹劝她不要伤心，说这是党内矛盾，内部问题，不是敌我矛盾。

同桂荣说：“不是敌我矛盾还把好人朝死里整哩……你有刀有枪，为什么不和他们斗争？”

刘志丹严肃地对她说：“怎能这样说！这是党内问题。我们红军不能自相残杀。”

同桂荣问刘志丹：“那你为甚不跑开，偏要来瓦窑堡。”刘志丹说：“当时情况复杂，如果我带大队兵马离开，风声一走漏，军心会大乱。如果在军团部逮捕我，警卫人员会动武。所以我一人骑马离开部队到瓦窑堡与他们进行说理斗争，这就避免了党和军队的分裂，没给敌人以可乘之机。”

他还告诉同桂荣：“党内问题不必性急，要忠诚为党工作，让党在实际行动中鉴定每个党员。大家不要再记前仇，应该想大局，想团结，在党中央的领导下，把革命工作做好，再不要提这回事了。”[①]

刘志丹在毛泽东、周恩来的过问下出狱后，先后任西北革命军事委员会后方办事处副主任和中共中央所在地瓦窑堡警备司令、红军北路军总指挥、红二十八军军长、西北军委委员等职。

1936年4月14日，刘志丹率领部队在攻打山西中阳县三交镇时壮烈牺牲，年仅33岁。

1936年4月24日，中共中央在瓦窑堡举行追悼大会，沉痛哀悼刘志丹将军。毛泽东题词：“群众领袖，民族英雄。”

---

① 王元慎：《妻子心中的刘志丹》，《纵横》，2008 年 4 月 16 日。

周恩来称赞刘志丹，“对党忠贞不二，很谦虚，最守纪律。他是一个真正具有共产主义品质的党员”。

2009年9月，在中央宣传部、中央组织部等11个部门联合组织的评选活动中，刘志丹被评为“100位为新中国成立作出突出贡献的英雄模范人物”。

22. 杨靖宇
顶天立地的大英雄

杨靖宇（1905年2月13日—1940年2月23日），1905年2月13日出生在河南省确山县古黄玉清城乡李湾村。1927年，他加入中国共产党，是东北抗日联军的主要创建者和领导人之一。

1929年7月，杨靖宇被党组织派往东北组织抗日联军，曾担任东北抗日联军第一路军总司令兼政委等职。

杨靖宇原名叫马尚德，1932年11月，他前往桦甸县领导磐石游击队时，化名杨靖宇。磐石游击队当时只有500多人，而且士气低落，处境十分困难。杨靖宇领导磐石游击队之后，队伍迅速发展壮大，成为有6500余人的强劲队伍，被日本关东军视为心头大患。

杨靖宇所领导的抗日联军转战于白山黑水之间，爬冰卧雪，风餐露宿，出生入死，浴血奋战，使日寇关东军受到重创。1938年，日寇对长白山进行了大扫荡，“铁壁合围”“蓖梳山林”，企图将抗日联军消灭掉，仅这一年的时间，日寇就围剿抗联队伍652次。

抗日联军不仅要面对几十倍于己的日寇强敌，还要经受严寒、疾病、饥饿的考验。

抗日联军在深山密林的几年中，曾经修建了许多储藏食物、被服、药品和武器弹药的秘密营房，来保障部队的给养。但由于杨靖宇麾下的一位师长叛变，深山密林中的秘密营房被日寇摧毁。

东北的冬天格外寒冷，动辄零下三四十度，滴水成冰。由于密营被破坏，杨靖宇和抗联战士们不仅要露宿野外，在冰雪中躺卧，还要忍受没有食物的艰难。

日伪当局为了捕杀杨靖宇，悬赏万元巨金，并实施招降纳叛，企图从内部分化瓦解抗日联军。1940年初，抗联警卫旅的原参谋丁守龙叛变了，1940年2月1日，杨靖宇身边的原侍卫排长张秀峰投敌了。由于张秀峰对杨靖宇的突围路线一清二楚，使敌人大大缩小了包围圈。

1940年2月22日，杨靖宇孤身一人到达江县保安村三道崴子。此时的杨靖宇不仅负了伤，还数日粒米未进，仅以树叶、皮带、棉絮充饥，身体极度虚弱。

23日，他见到几个上山打柴的农民，便拿出钱请他们帮助买点吃的和衣服。有个农民拿了钱下山后，居然向日伪告了密。下午3点左右，这个农民领着日伪军包围了三道崴子。

敌人利用叛徒向杨靖宇喊话，想劝降杨靖宇，杨靖宇回答的是射向他们的子弹。激战一阵之后，杨靖宇知道依靠自己的力量突围是不可能了，便烧毁了随身携带的文件，然后继续与敌人作战。下午4点半左右，杨靖宇身中数弹，壮烈牺牲，年仅35岁。

伪通化省警务厅长岸谷隆一郎命令手下铡取杨靖宇的头颅，并亲自用军刀将杨靖宇腹部剖开，当他看到杨靖宇的胃里仅有草根和棉絮而没有一粒粮食时，默然无语。在场的敌人也被惊得目瞪口呆。

2009年，在中央宣传部、中央组织部等11个部门联合组织开展的评选活动中，杨靖宇被评为“100位为新中国成立作出突出贡献的英雄模范”。

23. 关向应
关心别人比关心自己为重

关向应（1902年9月10日—1946年7月21日），1902年9月10日出生在辽宁省大连市金州区。1925年1月，他加入中国共产党，是中国共产党早期军事领导人。

他与贺龙一起领导了湘鄂川黔革命根据地建设，还带领红二方面军胜利完成了二万五千里长征。

在关向应身上，有一个突出的品质，就是关心别人比关心自己为重，困难当头，总是身先士卒。

长征途中，关向应总是无微不至地关怀着每一位指战员。他有一匹战马，但他自己却很少骑，绝大多数时间都是受伤或生病的战士在用，而他自己则走在队伍中间。身边的同志见关向应身体瘦削，劝他骑马，他坚决不同意。有个战士说："首长身体不好，步行把身体累坏了怎么办？"关向应听了，哈哈一笑，幽默地说："部队要是都累垮了，我还给谁当首长呢？"

在爬雪山时，关向应走在队伍的后面，关切地注视着前面的每一位战士，发现有因饥饿、寒冷和过度疲劳掉队的战士，就立即安排救援。这一天，他发现了前卫部队和指挥部直属机关的几位战士半躺在雪窝里，生命垂危，立即命令身边的通讯员找来马匹，他亲自把他们扶上马，带他们翻过了雪山。

在艰苦困难的环境中，关向应总是以身作则，和战士同甘共苦，真正做到了“关心别人比关心自己为重”。部队到达甘孜后，红四方面军送给他一顶帐篷。这顶帐篷，他从来没有独自一个人住过。一到宿营或休息时，他就把警卫员、炊事员、饲养员和一些生病、受伤的战士统统叫进去，小小的帐篷挤得满满的。

长征途中，他还与朱德、任弼时、贺龙、刘伯承等一起，同张国焘分裂党、分裂红军的活动进行了坚决的斗争。

1937年抗日战争爆发后，红二方面军改编为八路军第一二〇师，他任政训处主任，不久改任政治委员。同年9月，率部开赴晋西北抗日前线，开辟了晋绥抗日根据地。

长期艰苦的革命斗争，使关向应同志积劳成疾，1946年7月21日，关向应因病医治无效在延安去世，年仅44岁。

在关向应的追悼会上，贺龙强忍悲痛，哽咽着念他亲手撰写的《哭向应》悼词：“……整整十五年，你我同生死，共患难。洪湖湘鄂西，鄂豫川陕边，酷暑炎天……湘鄂川黔，云贵甘陕，雪山草地，西安平原，踏晋绥，出河北，几万里长途征战，入死出生。无论在战场上、工作中，也不管在茅庐草舍、大厦高堂，我记不出何时不在一起，何时有所分离。而今，你我永别了，翘首苍天，你是音容宛在，而我则寝不成眠……我对你沉痛的纪念，就是永远以我的心血，实践你临终的遗言，革命完全胜利之日，就是你含笑九泉之时。”

2009年9月，在中央宣传部、中央组织部等11个部门组织的评选活动中，关向应被评为“100位为新中国成立作出突出贡献的英雄模范”。

24. 朱德
临大节而不辱

朱德（1886年12月1日—1976年7月6日），中国共产党、中国人民解放军和中华人民共和国的主要缔造者和领导人之一，中华人民共和国十大元帅之首。

1886年12月1日，朱德出生在四川省仪陇县。1922年8月，他为了寻求革命真理远赴德国，在柏林，他结识了周恩来和其他共产党人，经周恩来同志的介绍，他加入了中国共产党。

朱德自从义无反顾地加入中国共产党这一政治组织开始，就坚定地树立了强烈的组织纪律意识，即使是身居要职，他也一贯以一名普通党员的心态与身份积极参加党小组活动，并勇于开展批评与自我批评。

在中央苏区，朱德曾被编在中革军委机要科党小组过组织生活。他担心党小组长有顾虑而将他当成“特殊党员”，便“约法三章”：党小组过组织生活必须通知他；给党员分配任务时必须有他；必须定期听取他的思想汇报。

到了抗战时期，朱德和中央其他领导同志一样，每天依旧非常忙碌，指挥千军万马转战于抗日前线。尽管如此，身为八路军总司令的朱德也从未因繁忙劳累而不参加组织生活，每次过组织生活他都毫不含糊，甚至几次在党小组会上进行批评与自我批评，叮嘱要及时通知他参会。

在红军长征期间，担任红军总政委的张国焘与党中央分庭抗礼、另立中央，反对红军北上抗日，要红军全部南下，并发电报要把北上的队伍调回南下。

担任红军总司令的朱德，坚决反对他的做法，拒绝在电报上签字。

朱德对张国焘明确表示："党中央的北上方针是正确的。北上决议，我在政治局会议上是举过手的。我不反对北上，我是拥护北上的。我是一个共产党员，我的义务是执行党的决定。"[①]朱德还说："大敌当前，要讲团结！天下红军是一家。中国工农红军在党中央统一领导下，是个整体。"[②]

朱德坚决维护党的团结和集中统一，坚决反对张国焘分裂党的行径，对于张国焘的分裂图谋形成了强有力的制约。

三大红军主力会师后，朱德及时向党中央汇报了他同张国焘斗争的经过。毛泽东听后非常感动，给予朱德高度评价，称他"临大节而不辱"，并在中国人民抗日军事政治大学挥毫题词："要学习朱总司令：度量大如海，意志坚如钢。"

1976年7月6日，朱德因病辞世，享年90岁。

朱德生前不止一次地对孩子们讲："人总是有生有死，不能永远活着。我死后，你们都没有继承权。我是无产阶级，房子、东西都是国家的。我最珍贵的，就是屋里的那张毛主席像，你们可以继承。那些马列的书和毛主席著作，你们可以留着读。你们一定不要搞特殊

① 《长征途中朱德反对张国焘分裂图谋始末》，《解放军报》，1916 年 12 月 14 日。
② 同上。

化。你们现在生活得很好；我的生活更比一般干部高得多，吃的是细粮，出门有汽车，还有服务人员。越是这样，越不能忘记艰苦年代，越要想到党和人民。”

朱德一生的生活都非常简朴。他积攒有两万元钱。对这两万元钱，他多次郑重地叮嘱警卫员：“我只有两万元存款。这笔钱，不要分给孩子们，不要动用。你一定要告诉康克清同志，把它交给组织，做我的党费。”

朱德辞世后，根据他生前的嘱托，他的夫人康克清将他生前省吃俭用积蓄下来的两万元钱，全部交给了党组织。

25.

李立三
勇于进行自我批评

李立三（1899年11月18日—1967年6月22日），1899年11月18日出生在湖南醴陵，1919年9月，他赴法勤工俭学，1921年回国后，他加入了中国共产党。先后在地方和中央担任工人运动领袖，曾一度掌握着中央的实际权力。

李立三曾经于1930年6月至9月在全党推行“左”倾冒险主义，这种“左”倾冒险主义错误被称为“立三路线”，给党和人民的革命事业造成了严重损失。

1930年9月24日，瞿秋白、周恩来回国召开中共六届三中全会，纠正“立三路线”的错误，结束了它在党中央的统治。

面对自己犯过的错误，很多人出于个人利益得失考量，总是躲躲闪闪，生怕别人提及。但是李立三却勇于主动承认自己的错误，敢于自我批评。他说：“共产党就是提倡自我批评。一个共产党员究竟有没有党性，就看他能不能对自己的错误进行认真的自我批评。共产党员当然不可能不犯错误，只要他不搞阴谋，不谋私利，犯了错误，承认错误，他就可以改正错误。”不仅如此，还要把自己犯错误的教训告诉大家。在1930年9月中共六届三中全会上，李立三就所犯“左”倾冒险主义错误主动作深刻检查，勇敢地承担起全部责任。

李立三还不止一次地说：“如果党需要我当‘反面教员’，我一定当好这个‘反面教员’。”有一次他在部队做报告，讲完自己所犯的路线错误后，他大声问听报告的人是不是都认识李立三，许多人说不认识，他指着自己说：“我就是李立三。希望你们从我的错误中吸取教训。”

李立三面对自己曾经犯过的错误，不仅没有回避，反而敢于自我批评，不仅没有丢面子，反而赢得了广大党员的尊重，赢得了党组织的信任。在1945年召开的党的七大会议上，身在莫斯科的李立三在缺席的情况下被选为中共中央委员。

1946年，党组织派李立三到东北化名李敏然进行革命工作。有些单位请他讲党史，他自己选择介绍“立三路线”的错误，并分析形成的原因和领导人的责任，受到许多同志的称赞。

有人说：“这位革命家，错误犯了三个月，却检讨了整整30年。”

1956年9月23日，他在党的八大会议上发言，对过去的错误进行了“总清算”，诚恳坦率解剖自己，进行自我批评，受到全会好评，并当选为中央委员。

新中国成立后，他历任中共中央工委书记、中华全国总工会副主席等职，“文革”中遭受残酷迫害，于1967年6月22日在北京蒙冤去世。

1980年3月22日，中共中央为他召开追悼平反昭雪大会，认定李立三为中国共产党的优秀党员、无产阶级革命家、中国工人运动杰出领导人之一。

26. 邱少云 纪律重于生命的楷模

邱少云（1926年7月12日—1952年10月12日），1926年7月12日出生在重庆市铜梁区少云镇（原四川铜梁县关溅乡）玉屏村邱家沟，1949年12月，他参加了中国人民解放军，为第15军第29师第87团第9连战士。1951年3月参加中国人民志愿军赴朝作战。

1952年10月，邱少云所在部队担负进攻金化以西美军和李承晚部队驻守的联合国军前哨阵地391高地的战斗任务。391高地的前沿是一片开阔地带。为缩短进攻距离，便于部队突然发起进攻打击敌人，指挥部决定先在敌阵地前沿潜伏。

1952年10月11日夜，部队组织500余人进入了那片开阔地带的蒿草丛中。邱少云所在排潜伏地点距敌前沿阵地仅60多米。

在进入潜伏地点之前，志愿军指挥员下达命令，潜伏中必须严格遵守纪律，为了整体，为了胜利，在任何危急情况下都不得轻举妄动。

12日12时左右，美军盲目发射燃烧弹，其中一发落在邱少云潜伏点附近，草丛立即燃烧起来，火势迅速蔓延到他的身上，棉衣被烧着了。此时，他只要打几个滚，火就会扑灭。但为了不暴露目标，确保全体潜伏人员的安全和攻击任务的完成，他放弃自救，咬紧牙关，任凭烈火烧焦头发和皮肉，为了减轻痛苦，他把两手深深地插入泥土里。二十八分钟后火熄灭了，邱少云却壮烈牺牲了，年仅26岁。

傍晚，我军向敌人发起突然袭击，战友们高喊着为邱少云报仇的口号，将报仇的子弹射向美军和李承晚部队，胜利攻占了391高地，全歼美军1个加强连。

邱少云的战友李清华说："哪怕有个蚂蚁在你脸上，都不能动一下，一动就要暴露目标。"排长曾纪有回忆："我们只距离敌人阵地几十米，稍发出点声响，弄出点动静，就可能被发现。即使敌人发现了我们中的哪个人，谁也不能有任何动静，更不能反击。"

1952年11月6日，中国人民志愿军决定为邱少云追记特等功，1953年6月，他获得"一级英雄"称号，1953年6月25日，朝鲜民主主义人民共和国最高人民议会常务委员会授予他"朝鲜民主主义人民共和国英雄"称号，同时授予金星勋章、一级国旗勋章，并将邱少云的名字刻在金化西面的391高地石壁上："为整体、为胜利而牺牲的伟大的战士邱少云同志永垂不朽。"1953年8月30日，他被追认为中国共产党党员。

2009年9月，在中央宣传部、中央组织部等11个部门组织的评选活动中，邱少云被评为"100位新中国成立以来感动中国人物"，2019年9月25日，他入选"最美奋斗者"个人名单。他也是全军必挂画像的八大（张思德、董存瑞、黄继光、邱少云、雷锋、苏宁、李向群、杨业功）英雄之一。

27. 陈毅

野战军到城里不准再野

陈毅（1901年8月26日—1972年1月6日），1901年8月26日出生在四川乐至复兴场张安井村，1923年加入中国共产党，是中国人民解放军创建人和领导人，中华人民共和国十大元帅之一。曾任中华人民共和国国务院副总理、中共中央军委副主席、中华人民共和国外交部长、上海市人民政府首任市长。

1934年8月28日，陈毅在第五次反“围剿”的兴国战役中，右胯骨中弹受伤。同年10月，中央红军主力被迫作战略转移，开始长征。项英、陈毅等同志被留了下来，在赣粤边坚持艰苦卓绝的三年游击战争。这三年游击战，用陈毅的话讲，是他在革命斗争中所经历的最艰苦、最艰难的阶段。

红军主力长征后，敌军血洗苏区，实行白色恐怖，“在残酷的‘清剿’中，红军游击队经常转移，翻山越岭，披荆斩棘，长途奔袭；经常被困在荒山野岭，石洞、草丛当床，有时就在大树下过夜，下雨天只能撑把伞或在树上支块布挡雨，背靠背坐着过夜；经常无粮缺盐断油，靠野菜野果充饥……”[①]

尽管游击战争艰苦卓绝，但以陈毅为代表的红军游击队直面困难

① 张骏：《南方三年游击战争：弥天烽火举红旗》，《解放日报》，2016年9月13日。

挫折，以大无畏的革命精神和革命乐观主义的精神，勇往直前。陈毅1936年冬创作的《梅岭三章》即是浓缩的记载。

陈毅在诗的序言中明确交待了当时的小背景：“一九三六年冬，梅山被围。余伤病伏丛莽间二十余日，虑不得脱，得诗三首留衣底。旋围解。”

第一首：断头今日意如何？创业艰难百战多。此去泉台招旧部，旌旗十万斩阎罗。

第二首：南国烽烟正十年，此头须向国门悬。后死诸君多努力，捷报飞来当纸钱。

第三首：投身革命即为家，血雨腥风应有涯。取义成仁今日事，人间遍种自由花。

这三首诗洋溢着大无畏的革命精神和革命乐观主义的精神。

陈毅同志也是严格遵守党的纪律的典范。1949年5月27日，上海战役持续15天，终获全面解放，歼敌15.3万余人，整座城市完好无损。

就在枪声停止后的第一个清晨，惶恐不安的市民们打开了房门，看到了让他们震惊的一幕：湿漉漉的马路两侧睡满了身着黄布军装的解放军战士。

原来，早在4月1日上海战役发起前，身为第三野战军司令员的陈毅就下达命令“野战军到城里不准再野”。第三野战军还颁发了“入城三大公约十项守则”的命令。“入城十项守则”第二条就是入城“不住民房店铺，不准打扰戏院及一切娱乐场所”。

对此，有些干部想不通，说遇到下雨、有病号怎么办？陈毅坚持说：“这一条一定要无条件执行，说不入民宅，就是不准入，天王老子也不行！这是我们人民解放军送给上海人民的‘见面礼’！”

1972年1月6日，陈毅因病在北京逝世，享年71岁。

28. 陈云
此身已非昔比

陈云（1905年6月13日—1995年4月10日），1905年6月13日出生在江苏省青浦县章练塘镇。1925年秋季，20岁的陈云加入了中国共产党。入党后，陈云说“此身已非昔比，今后不是做‘成家立业’的一套，而要专干革命”，立志为共产主义奋斗终身。

1937年12月至1944年3月，陈云曾经担任中共中央组织部部长达7年之久。这期间，陈云把主要精力都放在党的组织工作上，在他的努力下，我们党建立了一套适合当时实际情况的组织体系。

陈云刚接手中央组织部工作时，我们党只有4万党员，到1938年底，党的组织有了很大的发展，全国的中共党员人数已达50多万。

陈云在工作中一直坚持民主集中制原则。在1938年5月曾经担任中央组织部部长陈云同志秘书的刘家栋回忆说：“中央组织部领导之间是亲密团结的，既有个人分工，又有民主集中制，重大事情都是集体讨论决定。”

陈云对党的组织纪律是不折不扣地贯彻执行。1939年5月，中央党务委员会[①]决定开除刘力功党籍并通报全党。5月23日，陈云为此专

① 中央党务委员会，是1933年8月8日中共中央决定设立的。决定说：“为要防止党内有违反党章，破坏党纪，不遵守党的决议，及官僚腐化等情弊发生，在党的中央监察委员会未正式建立以前，特设立中央党务委员会。”

门写了一篇题为《为什么要开除刘力功的党籍》的文章。该文章发表在中国共产党中央委员会机关刊物《解放》杂志第73期上，组织部还专门组织延安各机关、学校围绕“为什么要开除刘力功的党籍”这一问题开展了一场大讨论。

刘力功是一个从国统区奔赴延安投身革命的知识青年。1938年，他在延安加入了中国共产党。作为党重点培养的对象，他先是在抗大学习，抗大毕业后，又进入党的训练班，专门学习党的建设课程。

他在党的训练班毕业的时候，党组织根据他在学习过程中的表现，考虑到他又是没有实际工作经验的新党员，决定让他到基层工作中去锻炼。但刘力功拒绝执行党组织的决定，他坚持要进马列学院或回距离延安很远的原籍工作，否则就退党。

党组织为了教育他，先后7次跟他进行谈话。在最后一次谈话的时候，“党组织告诉他：‘个人服从组织’是党的纪律，要你到华北去做下层工作是党的决定，必须服从。可是他还是要求党接受他的意见，实际上是要‘组织服从个人’”。①

七次谈话之后，党组织让他进行自我反省。刘力功反省了几天之后，向党组织表示，可以到华北地区工作，但一定要到八路军总司令部工作。党组织没有同意他的意见，“他就干脆拒绝执行党的决定”②。

中央党务委员会认为，“党已尽了最大的努力，对刘力功进行说服教育工作。‘个人服从组织，少数服从多数，下级服从上级，全党

① 陈云：《为什么要开除刘力功党籍》（1939年5月23日），《陈云文选》（1926—1949年），北京：人民出版社1984年版，中国人民解放军战士出版社重印，第58—59页。

② 陈云：《为什么要开除刘力功党籍》（1939年5月23日），《陈云文选》（1926—1949年），北京：人民出版社1984年版，中国人民解放军战士出版社重印，第59页。

服从中央’是党的纪律，党的纪律不容任何人破坏。刘力功违犯了党的纪律，又不接受党的教育，改正自己的错误，因此，决定开除其党籍，并公布于全党。”①

刘力功为什么被开除党籍？上面这几段话给出了明确的答案。刘力功虽然在组织上入了党，但在思想上并没有入党，心中没有政治意识、大局意识，违犯党的纪律。

陈云指出：“可否不要纪律呢？如果不要也可以，那就是毛主席讲的六个字：‘亡党亡国亡头。’就不可避免。”②

中华人民共和国成立之后，陈云被任命为中华人民共和国政务院副总理兼财经委员会主任。他依然严格遵守党的纪律。陈云从来不收礼。他常说：“有些人给我送礼，就是为了有求于我，我要是收下了，以后决定事情必有偏差。”

某年秋天，各大军区来京汇报军事演习。有两位军区领导带了两盒葡萄去看望陈云。当他们告辞时，陈云让他们把葡萄带走。两位领导一再解释，这不是送礼，只是让首长“尝尝鲜”。陈云摘下10个葡萄，微笑着说，这叫“十全十美”，剩下的让他们带了回去。

两位军区领导感佩不已。陈云曾经幽默地说过，“如果主席、总理给我送礼，我就收，因为他俩没有求我的事儿”。

1995年4月10日，陈云因病在北京逝世，享年90岁。

---

① 陈云：《为什么要开除刘力功党籍》（1939年5月23日），《陈云文选》（1926—1949年），北京：人民出版社1984年版，中国人民解放军战士出版社重印，第59页。

② 陈云：《关于党的文艺工作者的两个倾向问题》（1943年3月10日），《陈云文选》（1926—1949年），北京：人民出版社1984年版，中国人民解放军战士出版社重印，第197—198页。

29. 郭永怀
牢记使命，鞠躬尽瘁

郭永怀（1909年4月4日—1968年12月5日），1909年4月4日出生在山东荣成。1935年，他毕业于北京大学物理系；1945年获美国加州理工学院博士学位，并留在加州理工学院继续学术研究。

此时，人类虽然已经实现了飞行的梦想，但飞机的飞行速度并不是很理想，而声障是提高飞机飞行速度的难关。郭永怀与钱学森合作完成了数论论文，首次提出“上临界马赫数”概念并得到实验证实，为解决跨声速飞行问题奠定了坚实的理论基础。他也因此在国际学术界声名鹊起，不久，他便成为康乃尔大学航空研究院的三个著名攻关课题主持人之一。

中华人民共和国成立后，郭永怀冲破各种阻力，携家人回到祖国，并如愿和钱学森、钱伟长一起投身于刚组建的力学研究所的科技领导工作。1956年底，郭永怀受命出任研究所常务副所长。1957年初，有关方面问钱学森谁是承担核武器爆炸力学工作最合适的人选，钱学森毫不犹豫地推荐了郭永怀。

“两弹”研制基地位于海拔3800多米的青海高原地区。那里气候变化无常，冬季寒气逼人，经常飞沙走石，最低温度零下40多度。一年中有八九个月的时间要穿棉衣。试验现场更是寂寞荒凉，寸草不生……许多科研人员都出现了不同程度的高原浮肿反应。而郭永怀由于工作的特殊性，必须经常奔波于北京和青海之间，这样就更加重了高原反应复发的频率。

尽管如此，郭永怀一到“两弹”研制基地，就忘我地投入到繁忙的工作中。在将要进入正式试验阶段的那些日子里，他每天都要工作十几个小时，有时是通宵达旦，吃饭也是大家席地而坐边研究边吃。

1968年12月5日凌晨，一架从青海飞来的飞机在首都机场徐徐降落，在离地面400多米的时候，突然，飞机失去了平衡，偏离了降落的跑道，歪歪斜斜地向1公里以外的玉米地里一头扎了下去，紧接着火焰冲天蹿起……噩耗传来，郭永怀就是这架飞机上的乘客。

当人们辨认出郭永怀的遗体时，他穿在身上的那件夹克服已经烧焦了大半，他和警卫员牟方东紧紧地拥抱在一起。人们费力地将他俩分开，才发现郭永怀的那只装有热核导弹绝密资料的公文包安然无损地夹在他们的胸前。

山河呜咽，草木垂泪，大地悲声。中央领导和科技界的知情人无不为这位伟大的科学家扼腕垂泪！1968年12月25日，中华人民共和国内务部授予郭永怀烈士称号。就在同一天，中国第一颗热核导弹试验获得了成功！1999年，郭永怀被授予“两弹一星功勋奖章”。

2018年7月，国际小行星中心已正式向国际社会发布公告，编号为212796号的小行星被永久命名为“郭永怀星”。

郭永怀就像那颗小行星一样，闪耀着永恒的光辉。

30. 吴运铎 把一生献给党

吴运铎（1917年1月17日—1991年5月2日），1917年1月17日出生在江西省萍乡市安源煤矿，祖籍湖北省武汉市汉阳县柏林镇李湾村。1938年9月，他参加了新四军，并在军司令部修械所工作；1939年5月，他加入了中国共产党，曾任中南兵工局副局长、机械科学研究院副总工程师、五机部科学研究院副院长等职。

吴运铎自参加革命之日起，就把献身党的事业作为毕生追求。他严守党的纪律，勤奋为党和人民工作，以铮铮铁骨书写了中国兵工发展史上的一段传奇。

为了研制出适合战争需要的武器，他几次负重伤，身上的创伤达100多处。

当年，人民军队的兵工设备非常简陋，加上经验不足，生产武器的危险并不亚于作战前线。吴运铎参加工作不久，在一次检修土枪实弹射击时，土造枪管突然发生爆炸，他的左手被炸伤了。

还有一次，发动机的摇柄突然掉了下来，把他的左脚砸伤了，随后伤口发炎，肌肉腐烂。医生把腐烂的肌肉挖掉，在他的踝骨处留下一个月牙形的大洞，吴运铎不得不拄着拐杖走路。

第三次，为了修复前方急需的旧炮弹，他从报废雷管中拆取雷汞做击发药，雷管在他手中突然爆炸，他的左手被炸掉4根手指，左腿膝盖被炸开，膝盖骨都露了出来，左眼几近失明，昏迷了15天才苏醒。

第四次是1947年在大连附近的实验场，他和吴屏周厂长一起检查射出去的哑火炮弹。突然，炮弹爆炸，吴屏周当场牺牲，吴运铎左手腕被炸断，右腿膝盖以下被炮弹炸劈一半，脚趾也被炸掉一半。

吴运铎虽然奇迹般地活了下来，但身上却留有几十处弹片。他在生产与研制武器弹药中，失去了左眼，左手、右腿致残，却仍以顽强毅力战胜伤残，坚持战斗在生产的第一线。他说：“只要我活着一天，我一定为党为人民工作一天。”他从未后悔从事这份危险的工作。他说，“让一个战士去执行严重的战斗任务，这是党对他最大的信任”。为此，他几次都以舍我其谁的勇气，取炸药、拆炸弹，冲在危险的最前沿，把安全让给战友，把危险留给自己。

1951年10月，吴运铎被中央人民政府政务院和全国总工会授予“全国特等劳动模范”称号，将他誉为中国的“保尔·柯察金”。

1952年，吴运铎出版的自传体小说《把一切献给党》成为红色经典。他一生对革命理想信念的执着追求与坚韧不拔的奋斗精神以及严守党的纪律的崇高品质激励着后人。

1991年5月2日，吴运铎因肺心病复发抢救无效，在北京病逝，享年74岁。

2009年9月，在中央宣传部、中央组织部等11个部门组织的评选活动中，吴运铎被评为“100位为新中国成立作出突出贡献的英雄模范”。2019年9月25日，吴运铎获“最美奋斗者”个人称号。

31. 谷文昌
丰碑在人间

谷文昌（1915年10月15日—1981年1月30日），1915年10月15日出生在河南省林州市石板岩镇（原林县石板岩乡）郭家庄南湾村。1943年3月，他加入了中国共产党；1949年1月，他随军南下；1950年5月12日，福建省东山岛解放，从此，他在东山岛上辛勤耕耘了十四个春秋，历任中共东山县县长、县委书记等职。

谷文昌在担任东山县县长之初，东山岛的情况据《东山县志》记载，森林覆盖率仅0.12%，一年365天，岛上有150多天刮着6级以上大风，百年间，风沙不断吞没家园，天花、眼病泛滥，外出当苦力、当乞丐的十之有一，当地有7个“蔡姓”村，被风沙埋得只剩4个。“春夏苦旱灾，秋冬风沙害。一年四季里，季季都有灾”，是当时东山岛的真实写照。

谷文昌担任县长之后的一天，他在下乡路上，碰到一群村民。他们身上破衣烂衫、手里提着空篮子，一打听，要去乞讨。乞讨？！东山解放都3年了，居然还能发生这样的事情。“我这个县长，对不住群众呀！”

“不把人民拯救出苦难，共产党来干什么！”“挖掉东山穷根，必先治服风沙。”谷文昌对天发誓：“不治服风沙，就让风沙把我埋掉。”

多年过去，421座山头、3万多亩沙滩，都种上了树，三十多公里长的海岸线筑起了一道“绿色长城”，昔日“沙老虎”终于俯伏在“绿色长城”的脚下。

种树治沙不是短期内就能见到效果的，但这却是为后人作铺垫、打基础、利长远的好事，所以谷文昌坚定不移地干。

“只要对百姓有利的事，哪怕排除万难也要做到；凡是对党的威信有害的事，哪怕再小也不能做。”“不带私心搞革命，一心一意为人民。”这是谷文昌恪守的原则，而且他践行了一生。

1981年1月30日，谷文昌因病去世，终年66岁。

习近平总书记多次点赞过谷文昌。他在担任浙江省委书记期间，曾经在《“潜绩”与“显绩”》一文中写道：“福建东山县的县委书记谷文昌之所以一直受到广大干部群众的敬仰，是因为他在任时不追求轰轰烈烈的‘显绩’，而是默默无闻地奉献，带领当地干部群众通过十几年的努力，在沿海建成了一道惠及子孙后代的防护林，在老百姓心中树起了一座不朽的丰碑。这种‘潜绩’，是最大的‘显绩’。我们常讲的‘金杯银杯不如老百姓的口碑，金奖银奖不如老百姓的夸奖’，说的就是这个道理。”[①]

在福建省东山县，至今每逢清明、春节敬祖，当地百姓总是“先祭谷公，后祭祖宗”。“谷公”就是谷文昌。

政声人去后，丰碑在人间。谷文昌在老百姓的心中树起了一座不朽的丰碑。1986年，东山县委为了弘扬谷文昌精神，决定把谷文昌的骨灰安葬在他当年亲手建起的赤山林场。村民们得知消息，纷纷赶来，为他的坟墓添加一抔热土。山口村第一任党支部书记陈加福说：

① 习近平：《“潜绩”与“显绩”》，《浙江日报——之江新语》，2005年1月17日。

“谷书记，你为我们辛苦了一辈子，现在我要天天打扫陵园，为你守墓一辈子！”

2009年9月，在中央宣传部、中央组织部等11个部门组织的评选活动中，谷文昌被评为“100位新中国成立以来感动中国人物”。

32. 王瑛
永远的巴山红叶

王瑛（1961年11月—2008年11月27日），1961年11月出生在四川省阿坝州小金县。1982年6月，她加入中国共产党。2000年2月，她担任了四川省南江县委常委、纪委书记。

王瑛常说："办理损害群众利益的案件是重点，只要老百姓有反映，我们就要查个水落石出。"

2003年5月，一封举报"南江县公安局城东派出所干警何某，在办案中玩忽职守致人死亡却逍遥法外"的信访件从市纪委转到了王瑛的手中。王瑛马上召集县纪委、监察局一班人认真分析案情，迅速展开调查。

当案件查办到关键时刻，各种阻力接踵而至，有人甚至四处扬言："敢查这个案子，你几爷子是不想活了。"王瑛没有被吓倒。她鼓励办案人员："自古邪不压正，只要我们坚持一查到底，真相终将大白于天下。"专案组同志深受鼓舞，大家全力以赴投入到办案工作中。

为了打开突破口，王瑛连续5天5夜吃住在办案地点，战斗在办案第一线，既当指挥员，又当战斗员。她亲自对主要涉案人员进行谈话，相继突破3名关键人物，案件查办取得实质性进展。

经过两个多月的奋战，查结了这起重大案件，10名违纪违法人员受到应有的法律制裁和党纪政纪处分。

2005年5月，一封匿名举报信摆到王瑛的案头。信中反映县水利局副局长周某等人采取非法手段套取水保资金并私分。经查实，周某、彭某等人三次采用虚增水保项目的形式，从中共套取水保金58万元并私分。

对此案的查处，有人在会上提出："这是专项资金个案，处理了，会影响南江的项目争取。还是大事化小、小事化了。"王瑛不同意这种主张，她态度坚决地表示："国家的专项资金是用来为人民谋福利的，不是给个人谋利的，必须严办！"

最终，周某、彭某被开除党籍、公职，受到了法律的制裁。

2006年7月，王瑛几次晕倒在下乡的途中，当随行的同志把她送进医院时，检查的结果让她的丈夫在几天内花白了头发。面对"肺癌晚期"这一严重的病情，王瑛在经过痛苦的挣扎之后，坦然地接受了这一残酷的现实。她在刚刚做完化疗后，又毅然回到了工作岗位。

2007年1月，在调查南江一国有资产出让的案件中，初核发现县经商委原主任违规出让，涉嫌受贿。王瑛组织人员深挖细查，有人给她打电话恐吓说："你生了病，要为自己留条后路，你就安心养病吧，少找气呕！"但她没有理会，依然将主犯及两名同案犯移送司法机关依法处理。

2008年11月27日，王瑛因病倒在了工作岗位上，年仅48岁。

2018年12月18日，党中央、国务院授予王瑛同志"改革先锋"称号，颁授改革先锋奖章，并获评"全面从严治党中纪检监察干部的优秀代表"，2009年9月，在中央宣传部、中央组织部等11个部门组织的评选活动中，王瑛被评为"100位新中国成立以来感动中国人物"，大巴山人把她称为"永远的巴山红叶"。

33. 兰辉
新时期共产党人的楷模

兰辉（1965年4月—2013年5月23日），1965年4月出生在四川北川，1983年7月参加工作，1992年10月加入中国共产党。曾任北川县政府办公室主任。“5·12”汶川地震后，他担任北川副县长一职。

兰辉自担任副县长以来，坚持深入基层、深入一线，平均每天行车200多公里，车里常备军大衣、雨具、干粮，即使生病住院动手术也丢不下工作，生命最后一刻还奋战在交通建设和防汛现场。

兰辉作为一名普通的北川干部，给世间留下了无数美好和感动，大家都铭记于心。

他身处领导岗位，却从不违背原则乱打招呼，从没有为亲人办过一件私事，他的妻子至今还是临聘工人；两个兄弟，哥哥在一家仓库当门卫、弟弟在绵阳市一家酒店做勤杂工，没有一个在他分管的单位或项目里做事。

兰辉的女儿兰欣怡回忆说：“爸爸在生活上很关心家人，但他从来不肯用手中的权力为家人谋私利。2009年10月，爸爸已经当上了副县长，四叔兰强鼓起勇气找到爸爸说：‘我们两口子下岗后经济条件不好，现在北川灾后重建项目多，你能不能帮忙给找个事情干？’爸爸拒绝说：‘不是不想帮你，我不能违背原则给你做工程、安工作。’”

他一心为民、无私奉献，他的手机里存有许多普通群众的电话号码，许多群众也有他的手机号码，群众有了问题一个电话找到他，他都一一记录，不厌其烦地想方设法帮助解决。

《天府早报》记者吴楚瞳说：“‘5·12’特大地震后，我认识了兰辉。在我的印象里，他就是个工作狂，总是那么忙，总是在路上。我在北川遇到他，他在路上；我打电话给他，他在路上；我接到他电话，他还是在路上；即使在他生命的最后一刻，他仍然在路上。”

李善成，曾经是北川的一个上访户，他给记者吴楚瞳发信息说：“兰县长是个好人，他真是个好人！你们要把他的精神弘扬光大。有一次到县上反映问题，兰县长接待了我，他为人豁达，又不摆官架子，对我一个普通老百姓，像对兄弟一样说话，对我反映的问题，耐心地解答，把我心里的疙瘩全解开了。我服他，我们老百姓喜欢这样的官！”

2013年5月23日下午，兰辉同志在下乡检查道路交通和安全生产工作途中，于北川县漩坪乡不慎坠崖，因公殉职，年仅48岁。

2013年9月22日，习近平总书记作出重要批示，号召广大党员干部向践行党的群众路线的好干部兰辉同志学习。

2013年9月下旬，中央组织部决定，追授兰辉同志“全国优秀共产党员”称号。2013年10月15日，中华全国总工会决定，追授兰辉同志全国五一劳动奖章。2019年9月25日，兰辉入选“最美奋斗者”名单。

34. 廖俊波

真心实意为人民造福

廖俊波（1968年8月—2017年3月18日），1968年8月出生在福建浦城县。1990年8月，他参加工作，1992年7月，他加入了中国共产党。

廖俊波经历的工作岗位，都是“背石头上山”的重活累活，需要付出更多的努力和艰辛。但他始终无怨无悔，以强烈的责任担当精神，完成党交给他的各项工作任务。他常说：“组织把我放在哪里都是信任，让我做更多的事就是重用。”他鼓励干部：“只要是为了发展、为了群众就大胆去干，有责任我来担。”

2011年6月，廖俊波走马上任福建省政和县县委书记。政和县位于福建省北部闽浙交界处，武夷山脉纵贯全境，境内山地多。廖俊波上任之时，全县人均综合实力全省倒数第一，长期是福建省长挂点的帮扶县，被形容为“全省之尾”，县委书记也被戏称为“省尾书记”。

廖俊波在政和县苦干了四年。这四年，他不折不扣地落实党的路线和方针政策，坚持群众路线，在群众最关切的脱贫攻坚、教育医疗、基础设施等方面都交出了一份出色的答卷，全县贫困人口减少了3万多人，脱贫率达69.1%。

2016年10月，廖俊波担任了福建省南平市委常委、副市长。在南平，他依然保持着在政和县的工作作风，不是在基层，就是在去基层的路上，“能到现场就不到会场”，情况到一线去了解、问题到一线去解决、工作到一线去推动、任务到一线去落实。他的车上常备有“四件套”：衣服、雨鞋、雨伞和被子。这是为跑工地、跑招商准备的。

有记者曾经问廖俊波，这么辛苦工作不累吗？廖俊波说：“带孩子够辛苦吧，但父母为何乐在其中呢？因为信念！人有信念，就不会觉得累。”他还说：“如果你的信念确确实实就是想为一个地方的百姓干活，确确实实想为更多的人做点事，你所有的工作，你都觉得是值得的。”

2017年3月18日，廖俊波同志在赶往武夷新区主持召开会议途中不幸发生车祸，因公殉职。

2017年4月，习近平总书记对廖俊波同志先进事迹作出重要指示，号召“广大党员、干部要向廖俊波同志学习，不忘初心、扎实工作、廉洁奉公，身体力行把党的方针政策落实到基层和群众中去，真心实意为人民造福”。[①]

2017年6月6日，中共中央追授廖俊波同志“全国优秀共产党员”称号；6月20日，中央宣传部追授廖俊波“时代楷模”荣誉称号。

2018年3月1日，廖俊波被评为感动中国2017年度人物。感动中国组委会给他的颁奖词是：“人民的樵夫，不忘初心。上山寻路，扎实工作，廉洁奉公，牢记党的话，温暖群众的心。春茶记住你的目光，青山留下你的足迹，谁把人民扛在肩上，人民就把谁装进心里。”

2019年9月，廖俊波获得“最美奋斗者”荣誉称号。

---

① 《中宣部追授廖俊波“时代楷模”荣誉称号》，新华网，2017年6月20日。

三

严格遵守党的廉洁纪律

党的廉洁纪律，是党组织和党员在从事公务活动或其他与行使职权有关的活动中，应当遵守的廉洁用权的行为规则。《中国共产党章程》明确规定：“党除了工人阶级和最广大人民群众的利益，没有自己特殊的利益。”“中国共产党党员永远是劳动人民的普通一员。除了法律和政策规定范围内的个人利益和工作职权以外，所有共产党员都不得谋求任何私利和特权。”

廉洁纪律是实现“三清”目标的重要保障。“三清”，即干部清正、政府清廉、政治清明的简称。这是党的十八大明确提出来的。十八大报告强调，要坚决反对腐败，建设廉洁政府，做到干部清正、政府清廉、政治清明。建设廉洁政府，实现“三清”目标，廉洁纪律是重要的保障。建设廉洁政治，干部清正是基础，政府清廉是关键，政治清明是核心。

习近平总书记强调：“各级党委要旗帜鲜明地反对腐败，更加科学有效地防治腐败，做到干部清正、政府清廉、政治清明，永葆共产党人清正廉洁的政治本色。各级领导干部特别是高级干部要自觉遵守廉政准则，既严于律己，又加强对亲属和身边工作人员的教育和约束，决不允许以权谋私，决不允许搞特权。对一切违反党纪国法的行为，都必须严惩不贷，决不能手软。”①

严守党的廉洁纪律，要求党组织和党员为人民谋利益，决不能以公权谋取私利。

---

① 习近平：《紧紧围绕坚持和发展中国特色社会主义 学习宣传贯彻党的十八大精神——在十八届中共中央政治局第一次集体学习时的讲话》，新华社，2012 年 11 月 18 日。

35. 王荷波
被工友誉为“品重柱石”

王荷波（1882年5月—1927年11月11日），1882年5月出生在福建省福州市，1922年6月，他加入中国共产党，是中国工人运动的先驱，中国共产党早期领导人之一，在党的五大，他当选为第一任中央监察委员会主席。

1916年夏季，王荷波到了扬子江畔的浦口，在浦镇机车车辆厂当了一名钳工。1919年北京五四运动爆发后，当南京人民举行罢工罢市，声援北京学生爱国运动时，王荷波立即组织浦镇机车车辆厂的工人，冲破帝国主义和封建军阀的重重阻挠，在浦镇游行示威，支援南京人民的斗争。从此，王荷波投入了工人运动。

王荷波始终和工人群众打成一片，时时处处关心群众的疾苦，为群众谋取利益。他组织工人俱乐部，办学校、办澡堂、办合作社，使工人和子女读上书，让工人下班后有地方洗澡。他领导工人进行争取提高工资、发放花红、改善生活待遇的斗争，使得工人从经济到政治地位上都得到较大提高。

王荷波自己始终艰苦朴素，甘于清贫。平常总是身穿粗布长衫，脚踩布鞋，徒步出门。他每到一个地方，就教育那里的工会同志，不要搞形式、讲排场，要为工人做好事、做实事。他的家庭生活一直很困难，尤其是1923年他被工厂开除之后，生活更加无着落，工人们自主捐助了一些钱，偷偷地给他爱人，他发现后立即婉言谢绝。在担任工会领导时，他严于律己、办事公正，公私分明、账目清楚，从不乱花一文钱，深得工人群众信赖。

王荷波四十岁生日时，浦镇大厂的工人送给他一面大红匾，上面写着“品重柱石”四个大字，充分体现了工友们对王荷波的崇敬和爱戴。

1927年10月18日，由于叛徒出卖，王荷波在北京被军阀张作霖逮捕。

在狱中，他受尽各种酷刑，但他坚贞不屈，宁愿牺牲自己，也要保存组织，始终没有暴露党在北京的组织和机关地址，使敌人的阴谋彻底破产。他还鼓励狱中的难友们，要坚信旧制度一定会灭亡，新制度必然诞生，共产主义终究会在中国胜利。他表示，为了人民的利益死而无怨。

他牺牲前唯一的嘱托是，请求党组织对他的子女加强革命教育，教育他们做革命的人，走革命的路。

1927年11月11日深夜，王荷波等同志被奉军陆军军法裁判处的刑车运往安定门外箭楼西侧准备行刑。面对凶残的敌人，王荷波等同志大声呼喊着：“中国共产党万岁！”“世界革命万岁！”敌人的枪声响了，王荷波等同志壮烈牺牲，王荷波牺牲时年仅45岁。

1949年12月11日，中共中央组织部、中华全国总工会、中共北京市委等组成“王荷波同志等十八烈士移葬委员会”，将烈士的遗骸移葬于北京八宝山革命公墓。周恩来总理亲临主祭。

36.

方志敏
身上一个铜板都没有

方志敏（1899年8月21日—1935年8月6日），1899年8月21日出生在江西省上饶市弋阳县。1924年3月，他加入中国共产党。他先后担任赣东北省、闽浙赣省苏维埃政府主席，红10军、红11军政治委员，中共闽浙赣省委书记。

1935年5月26日，方志敏在狱中遗著《清贫》中写道："我从事革命斗争，已经十余年了。在这长期的奋斗中，我一向是过着朴素的生活，从没有奢侈过。经手的款项，总在数百万元；但为革命而筹集的金钱，是一点一滴地用之于革命事业。"

"清贫，洁白朴素的生活，正是我们革命者能够战胜许多困难的地方！"这是方志敏清贫奋斗一生的真实写照，也是他的座右铭。

1935年1月27日，方志敏因为叛徒出卖而被捕。被捕时，两个国民党士兵猜到了他不是一般的士兵，开始搜他的身。

他们满肚子盼望在方志敏身上搜出一千或八百大洋，或者搜出一些金镯、金戒指一类的东西，发个意外之财。

但他们从方志敏的上身摸到下身，从袄领捏到袜底，除了一只怀表和一支自来水笔之外，一个铜板都没有搜出。

那两个国民党士兵非常恼怒，认为方志敏把钱藏起来了，不肯拿出来。于是，一个国民党士兵左手拿着木柄手榴弹，右手拉出榴弹中的引线，双脚拉开一步，作出要抛掷的姿势，并瞪着凶狠的眼睛吼道：“赶快将钱拿出来，不然就是一炸弹，把你炸死去！”

方志敏觉得他的样子很可笑，就微笑着淡淡地说：“哼！你不要作出那难看的样子来吧！我确实一个铜板都没有；想从我这里发洋财，是想错了。”

那个拿手榴弹的士兵根本不相信：“你骗谁！像你这当大官的人会没有钱！”

另一个国民党士兵也不相信。他说：“决不会没有钱的，一定是藏在那里，我是老出门的，骗不得我。”他边说边弓着背将方志敏的衣角裤裆又重新检查了一遍。

他们搜来查去，也没在方志敏的身上搜出什么值钱的东西，最后，他们抢走了那只怀表和自来水笔。彼此说定卖出钱来平分，才算无话。

敌兵不相信，一个堂堂的共产党领导人物，竟然如此穷酸。

方志敏作为共产党领导人物，为什么如此穷酸？他的这段话给出了答案：“为着阶级和民族的解放，为着党的事业的成功，我毫不希罕那华丽的大厦，却宁愿居住在卑陋潮湿的茅棚；不希罕美味的西餐大菜，宁愿吞嚼刺口的苞粟和菜根；不希罕舒服柔软的钢丝床，宁愿睡在猪栏狗巢似的住所！不希罕闲逸，宁愿一天做十六点钟工的劳苦！”

方志敏为什么宁愿居住在卑陋潮湿的茅棚，毫不希罕那华丽的大厦？宁愿吞嚼刺口的苞粟和菜根，而不希罕美味的西餐大菜？

因为他的价值观是“为着阶级和民族的解放，为着党的事业的成功”。

在南昌国民党驻赣绥靖公署军法处看守所，方志敏严词拒绝了国民党的劝降。1935年8月6日，方志敏同志被秘密杀害于江西省南昌市下沙窝，时年36岁。

2009年9月，在中央宣传部、中央组织部等11个部门组织的评选活动中，方志敏被评为“100位为新中国成立作出突出贡献的英雄模范人物”。

37. 毛泽民
不能乱花一个铜板

毛泽民（1896年4月3日—1943年9月27日），1896年4月3日出生在湖南省湘潭县韶山冲，是毛泽东的胞弟，比毛泽东小3岁。1922年10月加入中国共产党。

毛泽民加入中国共产党之后，一生为革命理财，担任过闽赣省苏维埃财政部长、第一任国家银行行长、中国工农民主政府国民经济部部长。他虽然掌握着财政经济大权，但执行财经纪律一丝不苟。

1931年深秋，毛泽民负责第一次苏维埃代表大会的筹备工作，管理后勤事务。11月，大会正式开幕。会间决定成立国家银行，由毛泽民负责国家银行的筹备工作，并任行长。他在出任国家银行行长时，银行的全部人马，只有一个会计、一个记账的、一个出纳员，还有个管总务的，连他自己在内也不过几个人，他白手起家，励精图治，仅用了两个月的时间，国家银行就正式开业了。他当银行行长，严格执行党的财经纪律，被人们誉为心地清白、账目清楚、廉明清正的“三清财魁”。

毛泽民被人们称为“红色大管家”。他无愧于这个称号。1932年春，中央苏维埃政府决定成立钨矿公司，由毛泽民兼任公司总经理。钨矿共有3个矿场，1933年钨产量达1800吨，1934年产值达200多万元。钨砂的大量生产和出口，使苏区获得了一项重要的经济来源，也兑换了苏区急需的食盐、布匹和药品，有力地支援了前方战争。

有一次，当时担任黎川县县委书记的方志纯同志请省委几名来检查工作的领导同志吃了一碗米粉肉，多花了五六角钱，报账时毛泽民同志就严肃地指出，现在是战争时期，我们不能乱花一个铜板，领导干部更要带头艰苦奋斗。并且决定从方志纯同志的伙食费中扣除这笔请客多花的钱。

1933年，当毛泽民同志接到命令，奉调将回中央革命根据地之前，闽赣省委的几位领导同志想请他吃顿便饭饯行，毛泽民同志却十分坚决地说："不行，不能搞！"由于毛泽民同志一丝不苟地执行党的财经纪律，带头艰苦奋斗，使得闽赣省的财经工作在极为困难的条件下，搞得非常好。

1934年10月，中央红军开始长征，毛泽民担任十五大队队长，带人一路护送几十担银元和金条，保障了部队的供给。

1942年，新疆督办盛世才背信弃义，投靠蒋介石，于9月17日软禁了毛泽民等在新疆工作的全体共产党员，并于1943年2月7日把他们都投进了监狱。

在狱中，敌人对毛泽民软硬兼施，施以酷刑，他始终坚贞不屈，表现了共产党人视死如归的英雄气概。1943年9月27日深夜，毛泽民被敌人秘密杀害。

毛泽民在牺牲之前曾经托人给毛泽东带过话："请转告毛泽东同志，我无愧于党员，无愧于国家，无愧于是毛泽东的弟弟。"

2009年9月，在中央宣传部、中央组织部等11个部门组织的评选活动中，毛泽民被评为"100位为新中国成立作出突出贡献的英雄模范人物"。

38. 刘启耀 背着13根金条乞讨

刘启耀（1899年4月14日—1946年1月），1899年4月14日出生在江西省兴国县的一个偏远村庄，他原本是一个撑竹排的工人。1928年，他加入中国共产党，先后担任兴国县革命委员会交通联络员，兴国睦埠乡苏维埃政府主席等职。1931年10月，刘启耀调任中共江西省委工作。1933年12月，他当选为江西省苏维埃政府主席。1934年2月，他当选为中华苏维埃共和国中央执行委员。

“为官不贪、清正廉洁、克己奉公、顾全大局”，是刘启耀一生品格的真实写照。

刘启耀无论是在兴国担任睦埠乡苏维埃政府主席，还是在省苏维埃政府工作期间，他都是一个廉洁奉公的好干部。

他在上任江西省苏维埃主席的领导岗位时，要求所有的工作人员，不浪费一个铜板，不滥用一张信纸，不多点一盏油灯，不乱耗一支铅笔。他起草文件的毛边纸，是先写铅笔，后写红笔，再写墨笔，正面写完了，再在背面写。

1934年10月，红军主力长征后，刘启耀率领部队奉命留守苏区，坚持游击战争。在宁都县的一次战争中，他不幸左胸中弹昏迷了过去。他苏醒以后，找到原来藏身的山洞，取出掩埋在乱石中的褡裢系上腰间。沉甸甸的褡裢里装有13根金条、首饰和银元。那是组织上让他保管的党的经费，是笔公款。

跟组织失去联系的刘启耀，穿着烂棉袄，戴顶破雨笠，肩背讨饭袋，手拿打狗棍，化装成乞丐，一心往湖南方向去追赶西移的主力红军。

渴了，他就在路边小溪喝口山泉水；饿了，他就向附近人家讨点饭吃；入夜了，他就躺在茶亭或寺庙的角落里。谁也不知道这个衣着褴褛、面容憔悴、满脸胡须、披头散发的叫花子，竟会是著名的江西省苏维埃主席刘启耀，更不知道这个乞丐身上居然腰缠万贯。

在流浪期间，他一边秘密寻找党组织，一边联系失散同志，经过两年的苦苦找寻，他终于找到了党组织，还找回了200多名失散的党员，并将经费分文不少地交回给了党组织。

1946年1月，由于残酷的斗争环境，刘启耀身患肺痨，大口大口地吐血，却始终不肯花分文寻医救治。弥留之际，他让人把他抬到“赣宁旅泰同乡会”的门前躺下，仰望延安方向，溘然长逝，时年47岁。

刘启耀手握13根金条，宁可讨米讨饭，忍饥挨冻，始终坚持不动用这笔公款的一分一毫，彰显了共产党人严守廉洁纪律的高尚品行。

2019年5月22日，习近平总书记在江西考察工作结束时的讲话中，提到了“刘启耀背着金条乞讨”的故事。他说：“第五次反‘围剿’失利后，江西省苏维埃政府主席刘启耀背着金条乞讨数年，历尽千辛万苦寻找党组织继续干革命，不动用分毫党的经费。我们只有继承和发扬党的优良传统，才能应对‘四大考验’、克服‘四种危险’，才能正确处理公私关系、破除‘四风’顽疾。”[①]

① 《建党百年，听习近平讲党史故事》，《人民日报》，2021 年 3 月 18 日。

39. 毛泽东 从不为亲友写推荐信

毛泽东（1893年12月26日—1976年9月9日），1893年12月26日诞生在湖南湘潭韶山冲，是中国共产党、中国人民解放军和中华人民共和国的主要缔造者和领导人。1949年至1976年，毛泽东担任中华人民共和国最高领导人，因为毛泽东担任过的主要职务几乎全部称为主席，所以也被人们尊称为“毛主席”。

作为中华人民共和国主席，毛泽东拥有着至高无上的权力。但是，他只用手中的权力来为中国革命服务，为中国共产党的事业服务，为全中国人民服务，而从不为自己的亲朋好友谋取半点私利。

赵浦珠是毛泽东的姻兄。他曾经给毛泽东写信，诉说乡间减租土改时，侵及了他的个人利益，请求毛泽东为他撑腰，出面帮助他解决这个难题。

毛泽东接到赵浦珠的信之后，给他回信说：“乡间减租土改等事，弟因不悉具体情况，未便直接干预，请与当地人民政府诸同志妥为接洽，期得持平解决。”

毛森品是毛泽东青少年时期的一位同窗学友。他给毛泽东写信，请求毛泽东为他推荐工作。

毛泽东十分委婉地加以拒绝：“吾兄出任工作极为赞成，其步骤似宜就群众利益方面有所赞助表现，为人所重，自然而然参加进去，不宜由弟推荐，反而有累清德，不知以为然否？”

大革命时期，毛泽东同志在清溪镇一带从事革命工作时，曾经得到过彭石麟的帮助。然而，新中国成立之后，毛泽东也婉拒了彭石麟要求为之说情的事。他在给彭石麟的回信中袒露了自己的心迹：“我不大愿意为乡里亲友形诸荐牍。”

20世纪60年代初的三年困难时期，李讷在北京大学读书，吃住都在学校，一般两三个星期回家一趟。

一次，毛泽东的卫士尹荆山去北大看李讷。他见李讷气色不好，就问她原因。当他得知李讷是因为吃不饱才这样的时候，他很心疼。回到中南海，他便把情况向卫士长李银桥做了汇报。李银桥想了想，就搞了一包饼干给李讷送了去。

毛泽东知道这件事之后，严厉地批评了李银桥：“三令五申，为什么还要搞特殊化？”

“别的家长也给孩子送东西。”李银桥小声地为自己辩解。

“我的孩子一块饼干也不能送！”毛泽东用力地一拍桌子，厉声说道。

北大距中南海有几十里路。当时交通不发达，从北大到中南海至少要换乘两次车，而且两头还有很长一段路要步行。如果骑自行车要一个多小时。要是学校有活动，李讷天黑才能离校回家。毛泽东的卫士长李银桥担心李讷的安全，就在李讷要回家时，派卫士开车去接她。

这件事被毛泽东知道了，他也严厉地批评了卫士。卫士解释说：“不然我也不接。主要是天太黑，一个女孩子走夜路不安全。”

“别人的孩子就不是孩子？别人的孩子能自己回家，我的孩子为什么就不行？”说到这儿，毛泽东做了一个断然的手势，以不容置疑的语气说："不许接，说过就要照办，让她自己骑车子回家。"

1976年9月9日，毛泽东主席在北京逝世，享年83岁。毛泽东被视为现代世界历史中最重要的人物之一，美国《时代》杂志也将他评为20世纪最具影响100人之一。

40. 周恩来
家乡的礼品也决不收

周恩来（1898年3月5日—1976年1月8日），原籍浙江绍兴，1898年3月5日出生在江苏淮安。1921年，他加入中国共产党，是中国人民解放军主要创建人之一，中华人民共和国的开国元勋，是以毛泽东同志为核心的党的第一代中央领导集体的重要成员。

周恩来一生严于律己，清正廉洁，关心群众，被称为“人民的好总理”。

江苏淮安是周恩来的故乡。1962年初，淮安县委书记邵风翥和副书记王纯高要到北京参加扩大的中央工作会议——七千人大会。

赴京之前，县委常委们聚在一起讨论工作。会后，有人提出，总理一直惦记着故乡，却始终抽不出时间回来看看，咱们是不是顺便带点家乡土特产，给总理尝一尝。一来表达故乡人民的心意，再则也让总理高兴高兴。

建议刚提出，就有人提了不同意见：上回咱们送了一点土特产，总理和邓大姐虽然勉强收下了，却付了一百元钱，还写信批评我们没有学好中央有关文件，这次不一定再送了吧？

后来，大家商量来商量去，采取了折中的方法：少带一点，带最有特色又不用花钱的。

带什么呢？大家不约而同地想到了茶馓。茶馓是香酥可口的茶点，为驰名南北的淮安特产，带上它给总理品尝，再合适不过了。

于是，他们挑选了最好的师傅，选择了上等的面粉和麻油，精心制作了一点茶馓。茶馓做好后，他们把它装在特制的白铁皮小桶里。

邵、王两位书记带着白铁皮小桶来到了北京。他们找到总理办公室，请秘书将茶馓转交给总理。

秘书一看送来的是礼品，赶紧摇头说，这绝对不行。总理从来不收礼品，你们还是带回去吧！

他俩一听，赶紧解释，这哪里是什么值钱的礼品，只不过是家乡人炸的馓子，我们带来就是想表表家乡人民的一点心意而已。

秘书听了他俩的解释，觉得有道理，就答应代收下来。邵、王两位书记便高兴地回到了住地。

谁知，第三天，他俩就被召到江苏代表团秘书处。原来，茶馓完璧归赵了。

总理办公室还专门来了位秘书向他们作解释："你们的心情，总理完全理解。但是，总理说，家乡人们的情意他收下了，茶馓一定不能收。为了这茶馓，你们用白铁皮做桶子，也是个浪费……"

邵风翥和王纯高听了这位秘书的解释，愣住了，不知如何是好。俩人商量了一下，对秘书说，这是家乡人民托我们带来的一点心意，总理不收下，我们怎么回去向乡亲们交待呀。这样吧，既然我们已经带来了，总不好再带回去吧。请你带给总理，我们收粮票，收钱。

秘书说，我理解你们的心情，你们所说的主意我早给总理提过了，不行。你们过去不是送过一次莲子、藕粉吗？总理付了钱，你们这回又来了。要是再收下来，以后还会有人送的。总理再三嘱咐，一定不能收。他还让我带一份中央关于不能送礼的文件给你们，要你们好好学习学习。秘书说着，递给他们一份文件。

二人一看文件，只好收回茶徽。只见文件上有总理的亲笔批示：

“请江苏省委、淮阴地委、淮安县委负责同志认真阅读一下，坚决照中央文件精神办！”

1976年1月8日，周恩来在北京因病逝世，享年78岁。周恩来总理是严于律己、严守党的廉洁纪律的楷模，他心底无私、天下为公的高尚人格，是中国共产党人优秀品德的集中写照，永远为后世所景仰。

41. 林伯渠
为党理财，毫厘不沾

林伯渠（1886年3月20日—1960年5月29日），1886年3月20日出生在湖南省常德安福（今临澧县），1921年加入中国共产党。抗战时期，他曾担任陕甘宁边区主席，新中国成立后，曾任中央人民政府秘书长、全国人大常委会副委员长。他虽然长期官居高位，却始终是“为人民服务的老勤务员”。

长征途中，林伯渠担任没收征发委员会主任和总部供给部部长。当时，他经手的财物非常多，但他却毫厘不沾，并提出了“约法三章”：

一、一切缴获要归公；二、该分配给群众的，分配给群众，该分配给部队的，分配给部队，个人不能私拿、私分半点；三、不能吃土豪家里的东西，也不能在土豪家里煮东西吃。

林伯渠带头严格遵守“约法三章”，不因自己是主任是部长而搞特殊化。

新中国成立后，林伯渠担任了中央人民政府秘书长。他依然保持着中国共产党人的优良传统，严于律己，克己奉公，即使是在生活小节上，也是一丝不苟，严格遵守党纪、政纪。

1953年底，林伯渠去广东休假并视察。广东省委负责人知道后，驱车前往车站迎接。

林伯渠见此情形，诚恳地对他们说，政务院已有明确规定，党、政、军、群负责人到下面视察、参观、休养、旅行时，地方负责人不许接送，不许摆设宴会和送礼，以后我们大家都要按照这一规定办事。

一次，他去北京劳动人民文化宫参观民主德国工业展览，讲解员见他是中央领导，且年迈体弱，就单独引导他走近道行进。

参观后，他在当天的日记中反思道："由两个说明员引导走简捷路径，虽然便利，觉与众不同，不妥。"

1958年10月，宁夏回族自治区成立，林伯渠代表党中央、中央人民政府赴银川祝贺。

为了对中央代表表示欢迎和感谢，宁夏有关部门专门用当地特产的羊毛加工了质量上乘的毛毯，赠送给代表们。

当漂亮的毛毯送到林伯渠面前时，林伯渠很生气。他立即将宁夏回族自治区主席刘格平找来，严肃地对他说："不许送礼，这是中央的规定。我们要守纪律，给每位代表赠送的毛毯要马上收回。"后来，这些赠送的毛毯都被工作人员收了回去。

林伯渠的故乡在湖南临澧县。1956年，临澧县有两位同志来看望他。林伯渠热情地接待了他们，并同他们长谈，了解家乡的状况。然而，当他们提出想通过林伯渠的关系买两部汽车时，林伯渠拒绝了他们的请求。

林伯渠对他们解释说："汽车是国家计划分配的物质，不顾国家计划，乱批条子，这个权我不能用。请你们向乡亲们解释清楚。"

1960年5月29日，林伯渠因病在北京去世，享年74岁。林伯渠是严于律己、廉洁奉公的楷模。他曾在日记中醒目地写道：一、遵守党章党纪。二、戒骄傲自满。三、必须有系统地进行监督。四、加强马列思想教育。

42. 罗荣桓
公私分明，绝不以私害公

罗荣桓（1902年11月26日—1963年12月16日），1902年11月26日出生在湖南省衡山县寒水乡南湾村（今属衡东县），1927年4月，罗荣桓到武汉大学前身——武昌中山大学求学，在这里他加入了中国共产党。罗荣桓是中华人民共和国开国十大元帅之一，为新中国的建立立下了不朽功勋。

罗荣桓一贯严格遵守党的纪律。他因为操劳过度，健康状况受到很大影响。然而，他却不因自己身体状况不佳，而安心享受待遇。即使是在身患重病期间，也不提什么特殊照顾，仍然坚持遵守党的纪律。

一次，他住院回家，看见家里多了四张躺椅，便问秘书："这躺椅是从哪里搞来的？"秘书告诉他："这是总后送来的。""给钱了吗？""没有。"

罗荣桓一听说没付钱，立刻要秘书把躺椅送回去。秘书解释说："总后的首长说你身体不好，办完公好躺着休息休息。""乱弹琴，我一个人害病，用得着四张躺椅吗？都给我搬回去！"秘书作难了，不想去退。"不退也行！"罗荣桓说，"但一定要照价给钱，用我的薪金。"就这样，照价付款以后，躺椅才留了下来。

罗荣桓有很严重的心脏病，常常因发病而起不了床。医生为了让他在床上工作能方便些，就从医院给他借来一张摇床。罗荣桓见了这张摇床，便批评医生说："医院里有那么多病人，他们比我更需要，怎么可以把医院的床随便搬到自家里来呢？"

他的夫人林月琴看医生很为难，便婉转地问："你不同意借，咱们自己出钱订做一张行不行？""那当然行了。"罗荣桓痛快地答应道。后来，罗荣桓自己拿出400元，定制了一张摇床。

1963年12月，罗荣桓的生命进入了最后时刻。那一天，他从昏迷中醒来，看见夫人林月琴在身边，拉着她的手对她说："我死以后，分给我的房子，你不要住了，搬到一般的房子去，不要特殊。"

罗荣桓儿子罗东进回忆说："三四岁时，战士们缴获了一个防毒面具给我玩，我戴着给老乡的孩子们看，却把他们吓哭了。父亲知道了，狠狠地教训了我一顿，还关了我一天禁闭。现在回想起来，父亲是在点滴细节上要求自己。"

罗荣桓经常对子女说的一句话是："不能忘记老百姓，别当'八旗子弟'。"

1963年12月16日，无产阶级革命家罗荣桓同志因病逝世，时年61岁。

惊闻罗荣桓病逝的噩耗，毛泽东沉痛地说："这个同志有一个优点，很有原则性，对敌人狠；对同志有意见，背后少说，当面多说，不背地议论人，一生始终如一。一个人几十年如一日不容易，原则性强，对党忠诚。对党的团结起了很大的作用。"

43. 邓颖超
对党和人民的事业极端负责

邓颖超（1904年2月4日—1992年7月11日），1904年2月4日出生在广西南宁，原籍为河南省光山县。1925年，她加入中国共产党，是中国妇女运动的先驱和卓越领导人，是中华人民共和国首任总理周恩来的妻子。她的品行足以用“冰清玉洁”四个字来形容。

在邓颖超70多年的革命生涯中，她坚持原则、顾全大局，为党和人民的利益无私奉献；她艰苦朴素、廉洁奉公，始终保持着人民公仆的政治本色。人们尊敬地称她为“邓大姐”。

邓颖超一身正气，对党和人民的事业极端负责。中共中央纪律检查委员会成立后，邓颖超当选为中纪委第二书记。她没有辜负党的希望和人民的重托，认认真真地抓党纪党规党法。

针对有些领导干部生活特殊化和党内出现的不正之风，她严肃地指出，对于那些吹吹拍拍、拉拉扯扯、送东西、抬轿子的不正之风，应当给以批评、制止，坚决顶住。反对特殊化，要从领导干部做起，这需要有一点革命精神。领导干部不仅要做遵纪守法的模范，而且要加强对子女的教育。对子女的学习、工作、入党、提级等问题，应该由他们所在的组织根据党的原则去处理，做父母的不要利用职权去插手干涉，或为子女说情，这对子女没有好处。对子女严格一些，只会有好处。对子女溺爱、迁就，对子女的错误包庇，反而害了他们。

针对党内存在的官僚主义作风，她痛斥道：“最普遍、最严重的一种官僚主义作风就是四个字：压、推、拖、了。问题来了就压，压不住就推，推不出就拖，最后拖到不了了之。有些问题，本来几句话，甚至一个电话、一见面就能解决，而官僚主义者就是视而不见，有事他不当作一回事，天天坐着，高高在上，不解决问题。有的同志有职有权，硬是好事不做，坐着不干，别人催急了，他才干。不勤政，也是一种不廉洁”。

《周恩来选集》上卷公开发行的前几天，《周恩来选集》编辑组组长陈楚平猝然在办公室病逝。为了表达自己对陈楚平的悼念之情，邓颖超特意请中央文献研究室代送了一束白菊花。

事后，邓颖超让秘书打电话，询问买花花了多少钱，并说要付款。因为钱不多，又已报销，中央文献研究室的同志没有立即答复。过了两天，邓颖超又让秘书打电话催问，表示一定要照价付款。研究室的同志见此情形，只得如实相告。邓颖超马上让人把买花的5元4角钱送给了中央文献研究室。

1992年7月11日，邓颖超在北京病逝，享年88岁。

在邓颖超的革命生涯中，她始终坚持党性原则，严守党的纪律，艰苦奋斗，廉洁奉公，从不计较个人得失，始终保持人民公仆的本色，功高而不自满，位高而不自居，一贯谦虚谨慎、平易近人，密切联系群众，待人诚恳，严格要求亲属不搞特殊化，跟周恩来总理一样，在广大人民群众中享有崇高的威望。

44. 李富春、蔡畅不给子孙留财产

李富春（1900年5月22日—1975年1月9日），1900年5月22日出生在湖南长沙，1922年加入中国共产党。他参加过北伐战争、抗日战争、解放战争，参加过二万五千里长征。中华人民共和国成立后，他历任政务院财政经济委员会副主任、重工业部部长、国家计划委员会主任、国务院副总理兼国家计委主任等职。他的夫人是我党的早期领导人蔡畅。

蔡畅（1900年5月14日—1990年9月11日），1900年5月14日出生在湖南双峰县荷叶光甲堂，1923年加入中国共产党，中共早期领导人之一，她还是蔡和森的妹妹，李富春的夫人，是红军长征中年龄最大的女红军，中国妇女运动的领袖和国际进步妇女运动的著名活动家，全国妇联第一至第三届主席，第四、第五届全国人大常委会副委员长，中共第七至第十一届中央委员。

李富春和蔡畅虽然都位高权重，但他们始终严守党的各项纪律，把自己的一生都奉献给了党和人民，奉献给了中国人民革命和社会主义伟大事业。“岁寒松与柏，忠贞照千古。”赵朴初为李富春题写的诗句，正是他们一生品格的真实写照。

1931年，李富春任中共江西省委书记时，为了下乡不给群众添麻烦，他特意让妻子蔡畅缝了个马褡。中间主袋装米，两旁各缝一个小袋，一袋装纸笔文件，一袋装腌菜干等下饭菜。每当下乡走访和调研，他都随身带着这个马褡，借宿谁家，就倒出自己的米做饭，伴着咸菜头和辣椒干充饥，这一坚持就是多年，别的干部也纷纷效仿。李富春被当地老百姓称为“米袋子”书记。

当年在中央苏区还流行着这样一首歌谣：“苏区干部好作风，自带干粮去办公，日着草鞋走山路，夜打灯笼访贫农。”这正是对李富春工作的真实写照。

李富春和蔡畅在生活上，一直保持着艰苦朴素的生活作风，新中国成立后他们刚进北京，住在北京什坊院，离食品供应点较远，有关部门给他们配备了一辆供采购用的汽车。李富春觉得这辆车利用率不高，放着也是浪费，就跟蔡畅商量，退掉这辆车。蔡畅非常赞同，她跟负责采购的同志说：“目前我们国家还很困难，把这辆汽车省下来交给公家就可以多派点用场，你辛苦一点，骑自行车买菜好不好啊？”这辆车后来退掉了。

1975年1月9日，做了21年副总理的李富春因病去世，享年75岁。

李富春病逝后，蔡畅把他们二人长期节省下来的十万元人民币拿出来，连同利息，一并交了特别党费。秘书犹豫地问她：“蔡大姐，要不要给你的孙子们留下一点？”蔡畅果断地说：“不，这钱是党和人民给我们的。富春去世了，我们应当把它交还给党和人民。孩子们要靠他们自己去劳动。”

1990年9月11日，蔡畅因病去世，享年90岁。一首挽联对蔡畅光辉一生做了概括写照：“为中华崛起妇女解放赴汤蹈火，功高德重与世同龄；当人民公仆鞠躬尽瘁死而后已，高风亮节万代敬仰。”

45. 李先念
贪污腐化是侮辱了自己的人格

李先念（1909年6月23日—1992年 6 月21日），1909年6月23日出生在湖北黄安（今红安）。1927年加入中国共产党，是党和国家卓越的领导人。李先念毕生奋斗，为中华民族独立和中国人民解放，为社会主义革命、建设、改革事业，作出了不可磨灭的贡献。

李先念始终把“为人民服务”当作自己的座右铭，并在“为人民服务”前面加上“老老实实”四个字。李先念常说：“贪污腐化是侮辱了自己的人格。”

纵观李先念的一生，就是严守党的纪律，老老实实为人民服务的一生。他清正廉洁，艰苦朴素，心中始终装着人民，把人民的冷暖放在心上。

1933年2月，身为红30军政委的李先念在一次战斗中不幸受伤。养伤期间，他身边的警卫员陈孝富见李先念身体虚弱，营养不良，就下田捉了几条鱼，让炊事班做了一碗鱼汤。当李先念得知这鱼是从老百姓的水田捞上来的时候，非常生气，拒绝喝鱼汤。大家劝他，已经做好了，您还是喝了吧，下不为例。李先念叹了一口气，叮嘱他们剩下的鱼全烧成鱼汤，给每位伤员都送一份。然后掏出几枚银元塞到陈孝富手里，让他把银元给老百姓送去，并向老百姓道歉检讨。

1960年，李先念回到老家红安，在县里停留了一天。为了防止县里在伙食上给他搞特殊，他亲自向县委负责人嘱咐了“三不准”：不准炒荤菜，不准煮米饭，不准搞酒喝。他在红安共吃了四餐饭，吃的都是荞麦粑和青菜炒豆渣。

他的小女儿李小林回忆说，晚年父亲身体欠佳，医生说要补充维生素，家里就每天给他榨一杯橙汁，当他得知榨一杯橙汁要五六个橙子时，心疼地说：“太浪费了，以后不要榨橙汁，吃两个就行了。”

李先念的夫人林佳楣多次建议给他做一套西装，但李先念每一次都拒绝。他说：“为什么一定要穿西服，我看中山装就很好，我就穿中山装。”李先念一生从未穿过西装。

李先念的生活一直非常简朴，即便是新中国成立后，物质条件丰富了，他的早饭也基本上都是一碗稀饭、一个馒头、一碟咸菜，中晚餐也不过是一荤一素一个汤。他认为，“个人生活太奢侈了，会丧失贫下中农的感情”。

新中国成立后，李先念担任了中共湖北省委书记、湖北省人民政府主席，家乡的亲属知道他做了大官，就来武汉找他，希望他给安排个好工作。遇到这种情况，李先念总是耐心解释说：“我没有那个权利，共产党的干部是干出来的，不是从我口袋里掏出来的。”他的姐姐、外甥、侄子，一直在农村从事农业生产。

李先念教育子女也非常严格，他给孩子们定了许多规矩，甚至包括不准穿背心、拖鞋上桌吃饭。他的女儿李小林说：“我父亲教育子女，非常严格。他对外人比对我们宽容。我爸爸就是要求我们做普通人的工作，不能当官，不能赚钱，更不需要出名，把工作做好就行了。这就是我们的家风。”

1992年6月21日，李先念因病在北京逝世，终年83岁。

46. 万毅
一张收条见证廉洁品行

万毅（1907年8月8日—1997年10月31日），1907年8月8日出生在辽宁省大连市金州区四十里铺，1938年3月加入中国共产党，他参加过抗日战争、解放战争和抗美援朝战争，万毅在抗美援朝时任志愿军炮兵司令员，是中国人民解放军优秀的军事指挥员、政治工作领导者和高级将领。

1938年元旦之后，万毅被任命为第57军112师334旅667团团长，奉命移驻新浦，保卫连云港。在连云港保卫战中，万毅指挥的部队作战勇猛、敢打敢拼，给日军的海军陆战队沉重打击，阵地始终牢牢控制在我军手中，打破了日军企图把连云港作为“徐州会战”补给线的计划。

“不怕一万，就怕万一（万毅）！”这是“连云港保卫战”日伪营垒中流传开来的一句话，万毅将军在连云港一线抗击日寇长达数月，立下赫赫战功，也一战成名。

万毅将军还参加过“三下江南、四保临江”、攻占四平、辽沈战役和平津战役等战役战斗。1955年他被授予中将军衔，荣获一级独立自由勋章、一级解放勋章。1988年荣获一级红星功勋荣誉章。

万毅将军严于律己，清正廉洁，他从不以权谋私，从不谋求制度规定以外的个人利益，他的子女都是普通干部和工人。

万毅将军喜欢喝玉米面粥，但改革开放之初，市场上不一定能买得到。秘书找到军党史办的罗干事，请他帮忙。罗干事通过师服务社搞到了一袋玉米面，让人捎到了北京。

没想到，过了几天万毅将军托人给罗干事捎来了8元钱和40斤粮票。这8元钱和40斤粮票往返了多次，最后师服务社写下了收条：“今收到万毅同志购玉米粉肆十斤整，合款四元五角二分，粮票肆十斤。51039部队服务社，1986年5月11日。”

这张收条见证了万毅将军清正廉洁的品行。

万毅将军骁勇善战，一生充满传奇。1937年10月，万毅担任东北军第57军第112师第672团上校团长，率部参加南京保卫战，他的团几乎全军覆没，但他幸免于难。1941年2月，他被东北军中的反动分子331旅旅长孙焕彩逮捕关押。1942年8月，在他即将被处决前夕，他从监禁地逃出，进入滨海抗日民主根据地。蒋介石两次下令要处置他，但他却始终没有被除掉。

万毅将军刚正不阿，庐山会议上，彭德怀因为反映“大跃进”中出现的问题，受到了错误批判，很多人为了自保，或沉默，或落井下石，但万毅却仗义执言，认为彭老总反映的情况没错，这正是当下的实际情况，反映得非常及时，也非常有必要。并强调说：“彭总讲的是实情嘛！亩产万斤，那还叫唯物主义吗？现在很多地方乱报生产数据，已经在农村形成了恶性循环，再不纠正过来，就要出大问题了！”

为此，万毅遭到了批判，并在庐山会议后，被下放到陕西担任基建委员会副主任，后来又调到陕西林业厅当副厅长。

1997年10月31日，万毅因病医治无效在北京逝世，享年90岁。

47. 邓拓
一言一动慎思量

邓拓（1912年2月26日—1966年5月18日），1912年2月26日出生在福建闽县（今福州市区）竹屿村，1930年，他加入中国共产党。入党之后，邓拓历任中共晋察冀中央局宣传部副部长、《晋察冀日报》社社长兼总编辑、新华社晋察冀分社社长等职。中华人民共和国成立后，他担任《人民日报》社社长兼总编辑，中共北京市委书记处书记、中共中央华北局书记处候补书记等职，并主编理论刊物《前线》。

邓拓文笔极佳，又很有独到的见解，是当代著名的政论家、历史学家、诗人和杂文家。他的杂文爱憎分明、切中时弊而又短小精悍、妙趣横生、富有寓意，深受读者喜爱。

他曾经赠予友人杨述一首诗，诗中写道："当年风雨读书声，血火文章意不平。生欲济人应碌碌，心为革命自明明。艰辛化作他山石，赴蹈从知壮士情。岁月有穷愿无尽，四时检点听鸡鸣。"这其实也是他抒怀明志的诗。

邓拓的一生襟怀坦白，光明磊落，勇于讲真话，讲真理，始终保持着一个共产党人坚持真理、坚持原则的革命精神，不仅如此，他还清正廉洁，严格遵守党的廉洁纪律。

他在担任《人民日报》总编时，曾经去四川调研。邓拓的书法非常好，《四川日报》一位领导便请邓拓为他题写一个条幅。

邓拓爽快地答应了，但手头没有纸笔，当时没有题写。他的随行人员请《人民日报》驻四川记者站的同志第二天带些纸笔来。邓拓马上制止了。他说：“我个人送的字，怎么能用公家纸笔？”

第二天，邓拓用自己花钱买的纸笔和墨给那位《四川日报》的领导题写了条幅。

对于邓拓的做法，有的人很不理解，认为他没有必要这样较真儿。于是，邓拓就写了一首诗作答：

“身居天府写文章，翰墨清新立意强。记者生涯当自励，一言一动慎思量。”

邓拓的一生是勇敢的，战争年代他一手拿笔，一手拿枪，出生入死；和平时期，他以笔做刀枪，用杂文来针砭时弊。但邓拓的一生也是悲壮的，他毕生从事马克思列宁主义和毛泽东思想的宣传，在1945年那个极端艰难的条件下还主编出版了中国革命出版史上的第一部《毛泽东选集》，聂荣臻在《回忆录》中称赞说：“邓拓同志在抗战后期还编纂了《毛泽东选集》，这是全国第一本系统编选毛泽东同志著作的选读本，为传播毛泽东思想作出了贡献。”他还写过大量热情讴歌和传播毛泽东思想、歌颂党和社会主义的文章。

但谁能想到，他最后却被“四人帮”横加了一个“反对毛泽东思想”“反党反社会主义头目”的罪名。

1966年5月18日，邓拓含冤自尽，年仅54岁。1979年2月，邓拓得以平反昭雪，恢复名誉。1979年9月5日下午，邓拓追悼会在北京八宝山革命公墓礼堂隆重举行。

48. 郑培民
对待身外之物要有铁石心肠

郑培民（1943年7月23日—2002年3月11日），1943年7月23日出生在吉林省海龙县，祖籍是河北武安。1969年加入中国共产党。

从二十世纪八十年代起，郑培民就先后担任市委书记、州委书记、副省长、省委副书记，又曾长期分管全省农业、文教、政法和党群工作，可谓位高权重。但他却从来没有利用手中的权力谋取私利。他常说："情浓钱淡，永葆清白。"是的，他的生前身后，都清白如水。

郑培民任省委副书记后，他的家曾经被小偷"光顾"了一次。两个小偷撬门进入没有装防盗门的郑家，把所有的抽屉全倒出来，连柜子里的衣服也全都抖出来捏过了，也没找到什么值钱的东西。翻腾到最后，他们只从郑家偷了4000元现钱和两条烟。那4000元钱，是郑培民女儿出差后尚未归还的公款。盗窃案告破后，小偷的坦白与郑家报案的数字，完全吻合。

对于下级单位送的礼物，郑培民从来是能拒就拒，自己拒不了的就让秘书去退。郑培民喜欢集邮，但他对这个爱好绝对保密，生怕有人投其所好。

"对待身外之物，要有铁石心肠。"郑培民写得清楚，做得更明白。

郑培民上大学时，就养成了记日记的习惯。走上领导岗位后，他把这个一日三省其身的习惯细分为备忘录、工作笔记和日记。下面是他日记中的两段话：

“这次回湘潭度春节，我谢绝了办公室派车送我的盛情，同时谢绝了办公室要为我报销路费的好意。坚持自费返家，往返火车票近80元，自己掏腰包。有人讲我太死板，我想，宁肯自己吃亏，对自己严格要求，是一个共产党员，特别是领导干部应当自觉做到的。”

“在吉首给两个孩子分别订做了一件羽绒上衣，这是我给孩子们买东西中最大的一次，计247.61元。不占企业的一点便宜。”

郑培民的家，是人尽皆知的美满家庭，郑培民很爱他的妻子和儿女。但是他从不用手中的职权来表达这份感情，他深知，权力是人民给的，是为人民做事的。

几十年中，郑培民的职位一直在变动，但他的妻子杨力求的工作单位只变动过一次，就是从湘潭市新华书店调到了省新华书店，职务仍然是一名普通职工。

调到长沙后，杨力求上班要走40多分钟。她不会骑自行车，乘公共汽车也不方便，多年来，她一直走路上下班。郑培民托人为妻子买鞋，指明买那种柔软的、平底粘胶的鞋子，他要让妻子在风吹雨打的路上，走得舒服一些。但这个有情有义的丈夫却从不让妻子搭他的顺路车。

“大浪淘沙，警钟长鸣，不忘宗旨，永葆本色”，是郑培民经常念叨的四句话。这四句话实际上是郑培民一生工作、生活的真实写照。他活得辛苦而操劳，他活得清白而坦荡；他在灯红酒绿面前不迷眼，他在不义之财面前不伸手；他是百姓的贴心人，他是顶天立地的共产党人。

2002年3月11日，郑培民因病去世，年仅59岁。郑培民被评为感动中国2002年度人物，组委会给他的颁奖词是："他身居高位而心系百姓，他以'做官先做人，万事民为先'为自己的行为标准，直到生命的最后时刻仍然不忘自己曾经许下的诺言。他树立了一个共产党人的品德风范，他在人民心里树立起一座公正廉洁为民服务的丰碑。"

2019年9月，他被授予"最美奋斗者"荣誉称号。

49.

杨业功
严格自律毫不懈怠

杨业功（1945年2月—2004年7月2日），1945年2月出生在湖北应城，1963年8月，他加入了中国人民解放军，1966年2月，他加入中国共产党，曾经担任第二炮兵某基地司令员。

杨业功入伍40多年来，不管是当战士，还是担任领导职务，他都是严格自律，自觉按照党的要求去做，严格遵守党的各项纪律。他曾经在一篇文章中写道："一个人的欲望如果只是追求金钱，他便永远得不到满足；而得不到满足便永远不会快乐。我没有很多钱，但我也有很多钱买不到的东西。"

杨业功虽然身为部队的高级将领，但他在日常生活中崇尚节俭，他在权力支配上廉洁自律。

1998年，杨业功的父亲因为患白内障住进基地医院，此时，杨业功担任分管后勤的基地副司令员。医院领导见直接领导的父亲来了，便提出费用全免。这一提议遭到杨业功的拒绝。他说："我父亲不是军人，不该享受的待遇说啥也不成！"后来，医院收下了4200元的医疗费。尽管医院收下了医疗费，杨业功还是不放心，他担心有人把发票拿去给报销了。当天晚上，他让妻子找出发票，当场撕碎。

杨业功病重之后，也没放松对自己的严格要求。他动手术之前，专门向家人、工作人员交待：任何单位不得以任何理由来看我，干好本职工作就是对我最大的安慰；同时，家属也不得以任何理由收礼品、现金。手术之后，他转入后期治疗，部队招待所时常会炖些鸡汤、鱼汤给他补养身体。杨业功拿出2000元交给所长说：“谢谢你们的照料，就算作我的伙食费吧。”

2001年4月初，身体状况越来越不好的杨业功被转到北京救治。在医院的病床上，他对妻子说：“你回基地，帮我把车交了……”杨业功说的车，是他在基地任职时部队配用的专车。在杨业功看来，自己已经不在基地工作了，就不该再享受这种待遇。

1996年，杨业功曾作《公仆铭》，其中写道：“权不在大，为公则灵。斯是公仆，惟吾德馨。”他虽然位高权重，但从不用公权谋取任何私利，他对家属和身边工作人员“约法三章”：“你们不许干预我的工作，不许享受特权，不许收受任何钱物好处。”

2004年7月2日，杨业功因积劳成疾病逝，年仅59岁。

杨业功被评为感动中国2005年度人物，组委会给他的颁奖词是：“铸就长缨锐旅，锻造导弹雄师。他用尺子丈量自己的工作，用读秒计算自己的生命。未曾请缨提旅，已是鞠躬尽瘁，天下虽安，忘战必危，他是中国军人一面不倒的旗帜！”

2018年9月，中央军委政治工作部统一印制张思德、董存瑞、黄继光、邱少云、雷锋、苏宁、李向群、杨业功、林俊德、张超10位挂像英模画像，并下发至全军连级以上单位。

2019年，杨业功获“最美奋斗者”荣誉称号。

50. 谭彦
坚决不办关系案和人情案

谭彦（1960年10月—2004年11月28日），1960年10月出生在吉林省集安市，1985年，辽宁省大连市中级人民法院院领导到吉林大学挑选毕业生，谭彦被选中。他生前是辽宁省大连经济技术开发区人民法院党组成员、副院长。

谭彦严格执行党的纪律，他办案不唯亲、不唯上，只唯法。他岳父的一位老同事的亲属犯了案，这位老同事来找他岳父想请他出面跟谭彦求求情。岳父太了解谭彦了，不想让他为难。可这位老同事一次次地找他，实在推不掉了，岳父就跟谭彦说了。

谭彦回家后跟他爱人说："亲是亲，法是法，咱们可得分清楚呀！"后来这个被告人依法被判了刑。

为了案子，经常有人来谭彦家送礼，他一概拒绝。他常说："如果收下了人家的东西，我就对不起我这身法官服！"

有一个案子，被告人的代理律师是大连很知名的律师。那天，这位律师来到谭彦办公室，言语中透露出她老公是市里一位领导，亲戚是某局的局长，想以此给谭彦施加压力。谭彦毫不客气地告诉她："不管什么领导，案子在我手里，就得依法审理！"

谭彦任法官的20年间，坚决不办关系案和人情案。在大连经济技术开发区人民法院1994年的廉政记录中有这样一段记载："谭彦，一年拒贿6000余元，拒请吃15次。”

谭彦说：“人民法官头顶国徽，肩扛天平。绝不能在我们手中办一件错案。”他还说：“作为法官，清廉如水是立身之本；秉公执法是生命之魂；枉法裁判是天大的耻辱。”正因为有这样的觉悟，他不为人情所动，不受金钱所诱惑，不被权力所左右，不向恐吓低头。

由于长时间超负荷工作，谭彦在1989年时被诊断患有纤细空洞性肺结核。医生要他长期“全休治疗，否则，最多只能活5年”。

谭彦没有被这残酷的事实所打倒，他想得很通透：人迟早是要死的，生命的长短用时间来计算，生命的价值却用贡献来计算。与其在医院里等死，不如回去工作，活一天就要体现一天的价值。

开发区法院的考勤表上有这样的记载：1993年7月1日至1995年6月30日，扣除节假日，总共为560个出勤日，谭彦因病请假48天，实出勤竟多达512天。而这段时间恰恰是谭彦病情严重，医生嘱其“全休治疗”的时间段。

谭彦在1993年至1994年身患重病的情况下，审理案件108件，高出全院人均审理案件数44%；结案105件，高出全院人均结案50%，两项工作指标都名列全院第一，而且无一发回改判。

2004年11月28日，谭彦这位与病魔抗争了15年的“铁法官”告别了人世，年仅44岁。

2009年9月，在中央宣传部，中央组织部等11个部门组织的评选活动中，谭彦被评为“100位新中国成立以来感动中国人物”。

51. 刘伦堂
我的手伸出来是白的

刘伦堂（1940年8月—2014年6月25日），湖北省黄石市下陆区老鹳庙社区原党总支书记。在刘伦堂的身上，一个突出的特征，就是一心为民，清廉如水。

1989年，刘伦堂走马上任老鹳庙村党支部书记。此时的老鹳庙村是个穷地方，老百姓的日子过得紧巴巴，人均负债1500元。刘伦堂决心带领群众改变这种落后面貌。经过25年的艰苦奋斗，老鹳庙村旧貌换新颜，2013年，社区实现社会总产值2.3亿元，村集体收入100万元，人均收入突破6000元，村集体经济不断发展壮大。

刘伦堂从1989年就任支部书记起，就开始记工作日记，日记里面记满了群众的柴米油盐、大事小情。谁家有困难，他第一时间就去帮助解决。十组居民程时全，原来一直借住在二哥约30平方米阴暗潮湿的小屋，一直想在房前余基上建栋新房。但在审批时，遇到了麻烦。程时全求助刘伦堂，刘伦堂实地查看后，表态将让程时全早日住进新房。刘伦堂和程时全一起，顶着烈日，跑规划、跑城管，找各部门签字，最终功夫不负有心人，程时全拿到了政府批文。

刘伦堂常说，当干部就要公道清白，决不能让老百姓背后戳脊梁骨。他确实做到了清廉如水。

刘伦华是刘伦堂一奶同胞的哥哥，他多次找刘伦堂想要承包点工程，但刘伦堂认为他没有承包工程的条件，每次都加以拒绝，大哥认为他不讲情面，见面视同路人，一句话都不跟他说。

刘伦堂一家一直住在二十世纪九十年代盖起来的房子里，里面装修简陋，老旧家具用了几十年。曾经有几个工程建筑商找到刘伦堂，要帮他把房子免费装修一下，都被他婉言谢绝了。

当了25年的村书记，刘伦堂经手的大大小小的建设项目少说也有几十个，一些老板带着钱物来找刘伦堂，请他帮忙，但他毫不动心。

刘伦堂的儿子刘红兵在一家钢铁厂上班，厂里效益不好，经常发不出工资。有人想利用他父亲的关系拉刘红兵一起承包社区的水泥厂。刘伦堂知道后非常生气，并斩钉截铁地说："你要是掺和水泥厂承包的事，以后你就不是我儿子。这辈子我的手伸出来是白的，不能因为你们让我的手染黑。"

刘伦堂还给"两委班子"定下"四不准"：不准用公款送礼、不准借工作之便收取礼物、不准以任何名义侵占公物、不准为亲朋好友谋私利。社区各项收入，全部对外公开，每笔开支必须经过居民理财小组审核。

2014年6月25日，刘伦堂因病去世。临终前，他把家人叫到眼前说："我这辈子没有给你们留下什么财富，对不起你们，但也没有给你们留下一点扯不清的账，做人一定要公道清白，决不能让老百姓戳脊梁骨。"

四

严格遵守党的群众纪律

党的群众纪律，是党组织和党员在贯彻执行党的群众路线中必须遵循的行为规则，是处理党组织、党员与群众关系所必须遵循的原则和要求。它是密切党与人民群众血肉联系、克服脱离群众危险的重要保证。

《中国共产党章程》明确指出："党在任何时候都把群众利益放在第一位，同群众同甘共苦，保持最密切的联系，坚持权为民所用、情为民所系、利为民所谋，不允许任何党员脱离群众，凌驾于群众之上。我们党的最大政治优势是密切联系群众，党执政后的最大危险是脱离群众。党风问题、党同人民群众联系问题是关系党生死存亡的问题。"这段话明确地说明了密切党与人民群众血肉联系的重要性。而要密切联系群众，群众纪律是重要的保证。

党的群众纪律要求党组织和全体党员，必须坚持党的群众路线，必须做到"三个始终"，即始终把人民放在心中最高的位置，始终全心全意为人民服务，始终为人民利益和幸福而努力工作。必须时刻不忘维护人民群众的根本利益，不允许以任何借口、任何形式侵占和损害人民群众的利益。

52. 徐特立
病中念着老百姓

徐特立（1877年2月1日—1968年11月28日），1877年2月1日出生在湖南长沙。“马日事变”之后，革命形势急转直下。有人见势不妙，离开了共产党的队伍，甚至跑到敌人那边去了。但正在长沙女子师范学校担任校长职务的徐特立，却拒绝了反动派的种种引诱，毅然离开长沙，前往武汉，寻找党的组织，要求加入中国共产党。他对李维汉说：“我已经51岁了，只要共产党这样一个先进的党能允许我这老朽的人加入组织，那我就算是获得了新生。”在李维汉同志的介绍下，徐特立同志于1927年秋加入了中国共产党。

在艰苦卓绝的斗争中，徐特立总是“革命第一，工作第一，他人第一”“成为全党自我牺牲和艰苦奋斗作风的模范”。1934年10月，徐特立以57岁高龄参加二万五千里长征，步行两万里，是长征队伍中年龄最长者。

新中国成立后，徐特立长期担任中宣部副部长。

1947年3月，为了粉碎国民党反动派的进攻，党中央主动撤离了延安。徐特立同志随着撤离的部队翻山越岭，长途跋涉。由于过度劳累，这位年过70岁的老人在到达山西汾城时，终于病倒了。

徐特立躺在炕上，喘着粗气，干咳着，同志们焦急地围在一旁，摸着他的额头，热得烫手，看着他干裂的嘴唇，大家的心比针扎还要难受。秘书试了试表，他的体温竟高达40度。

病人是多么需要开水啊！可是，水桶是干的，水壶里也没有水了。在这光山秃岭的晋北地区，连找点柴禾烧水都非常困难。怎么办？大家正在发愁时，有个同志突然想出一个主意，跑去找老乡要一些麻秆来当柴禾用，这东西一点就着。大家非常高兴，七手八脚忙碌起来，有的舀水，有的折要来的麻秆，准备点火。

“你们在做什么啊？”徐特立听见动静，用微弱的声音问道。

“我们搞到了一些麻秆，给您烧点水喝。”一个同志说。

“什么？麻秆？”徐特立一听，挣扎着坐了起来。当他看到地上放着的一把麻秆时，吃力地朝着准备点火的同志摆摆手，脸上露出十分生气的表情：“不！这个不能当柴禾用，快送回去，不能糟蹋老百姓的财物。”

徐特立对当地群众的生活习惯了解得非常清楚。原来，这位同志拿来的不是普通的麻秆，而是一种经过浸制晒干，加过工的麻秆，这种麻秆很容易点着，也比较耐烧，这一带农民晚上就拿它点了当灯用。徐特立对身边的人说：“你们光想到了替我烧水，却忘掉了群众利益，这怎么行呢？”说完，还要那位同志学学“三大纪律八项注意”，直到那位同志把麻秆退还给老乡，向主人道了歉，徐特立才安心地躺下休息。

徐特立同志是我党德高望重的无产阶级革命教育家。他心里始终装着普通群众的利益，这种关心群众利益胜于关心自己生命的品行，是值得我们学习的。

在徐特立同志60岁生日时，毛泽东同志给他写了一封信。信中说：“当革命失败的时候，许多共产党员离开了共产党，有些甚至跑到敌人那边去了，你却在1927年秋天加入共产党，而且态度是十分积极的。从那时候至今长期的艰苦斗争中，你比许多青年壮年还要积极，还要不怕困难，还要虚心学习新的东西。什么‘老’，什么‘身体精神不行’，什么‘困难障碍’，在你面前都降服了。”

1968年11月28日，徐特立因病去世，享年91岁。

53. 黄克诚 让老百姓先过河

黄克诚（1902年10月1日—1986年12月28日），1902年10月1日出生在湖南省永兴县。1925年，他加入中国共产党，为中国人民的解放事业建立过不朽的功勋，是中华人民共和国开国大将。

黄克诚虽然功勋卓著，身居高位，但却始终保持着公仆的本色，艰苦朴素，清正廉洁，始终把人民放在心中最高位置。

抗日战争时期，黄克诚将军率领部队在苏北地区打击敌人。1943年春节前夕，日寇集结了数万兵马，疯狂地向苏北抗日根据地发动进攻，妄图将抗日军民一网打尽。

为暂避敌人的锋芒，黄克诚将军决定将部队从淤黄河的南岸撤到北岸，跳到敌人合击圈外进行斗争。

当时，淤黄河没有桥，指战员们便用小木船“架”起了一座船桥。船桥刚刚“架”好，敌人就逼近了。情况危急，部队必须立即过河。

可就在这时，附近村庄的数百名老百姓扶老携幼地拥到了河边。敌人的枪声越来越近，有的炮弹已经打到了河里。人多，桥窄，时间紧，危险大，怎么办？只见黄克诚将军站在南岸船桥口上，大声向正在过桥的部队命令道：“部队停止，让老百姓先过桥。”

等百姓们在战士们的掩护下，安全地到达了北岸后，黄克诚将军才下达了部队继续过桥的命令。

面对敌人的围追堵截，黄克诚将军首先想到的不是自身的安危，而是百姓的安危。“让老百姓先过河”就是对党的宗旨的践行，就是始终把人民群众的根本利益置于首位。

1949年1月15日，天津解放了。黄克诚授命担任天津市军事管制委员会主任。这位刚刚从战场上走来的主任，没有骑马，也没有坐车，而是步行来到了天津市的大街小巷。

他来到居民区，和相遇的每一位居民打招呼；他来到工厂，跟工人们聊天。跟他打招呼、聊天的人，都非常亲切地叫他“黄老汉”。

听着人们的称呼，黄克诚非常高兴，他说：“群众如果叫我‘黄主任’，那就是隔了一层；大家唤我‘黄老汉’，贴心啊！”

进天津时，黄克诚曾当众宣布了他的“章法”：我黄克诚进天津时穿着这身衣服，有一日出天津还是穿着这身衣服，保证原封不动。他说到做到。

黄克诚不仅在天津穿着俭朴，进了北京，也照样衣着朴素，从不追求个人享受。他平时穿的衣服不是到了实在不能再穿的程度，他是舍不得换掉的。

一次，黄克诚生病住院。医护人员见他穿的衣服打着补丁，很奇怪，便悄悄地问他身边的工作人员：“黄老平时就穿这衣服？”

工作人员回答：“一贯如此。”医护人员惊讶地说：“真没想到。”的确，一般人想不到。

黄克诚将军的一生，是廉洁、节俭、密切联系群众的一生。他虽然自己花钱精打细算，但在帮助他人解决困难时，却非常慷慨。从实行薪金制时起，他就每月从自己的工资里拿出100元钱，帮助在革命战争中牺牲了的烈士的家属。

1986年12月28日，黄克诚将军走完了他不平凡的一生，享年84岁。

黄克诚将军虽然为人民的解放事业立下了卓著战功，但却从来不居功自傲，而是永远保持着一颗人民公仆的赤诚之心，保持着普通士兵的艰苦本色。正如中共中央在为他举行的追悼会上所说的，他“堪称共产党人的楷模”。

54. 彭德怀
免得老百姓背后骂我的娘

彭德怀（1898年10月24日—1974年11月29日），1898年10月24日出生在湖南湘潭县彭家围子。1928年4月，他加入中国共产党。他是中华人民共和国开国元勋，中国人民解放军著名将领、中华人民共和国元帅。他一生南征北战，为中国人民的革命事业立下不朽的功勋。中华人民共和国成立后，任国务院副总理兼第一任国防部部长。

彭德怀坦荡无私、清正廉洁、密切联系群众的高尚道德品质是有口皆碑的。他不因自己是首长就搞特殊化，破坏党的群众纪律。他始终把自己置身于群众之中，做人民的公仆。

彭德怀同志没有游历名山大川的习惯，也很少去看戏或看球赛，跳舞更是不去。只有看电影比较喜欢。看的时候，要是专门为他或者少数几个人放映一场，他就要警卫员到处去喊人来看。有一次，没叫来人，彭德怀同志抬起腿来就走，说："以后再看吧！"

1956年夏天的一个下午，彭德怀同志准备去北海公园看看。警卫员小景按警卫部门的规定，把首长到北海公园的事报告给有关部门。

傍晚，彭德怀同志身着便衣，叫汽车在离公园很远的地方停下。他到门口一看，一块大牌子上写着"休息"，几个干部和公安人员把彭德怀同志迎了进去。

彭德怀同志走进门内没几步就停了下来，问小景："你搞的什么鬼？"小景也纳闷：怎么公园里看不到几个人？小景没想到，这是他给警卫部门的那个报告引起的后果。

彭德怀同志动怒了，小景才隐约地有所察觉，但还想辩解："牌子上不是写着休息吗？"

"休息？休息为什么叫我们进来？"彭德怀同志不但冲着小景，也冲着身后的公安人员说："你们就是叫我脱离群众！你们说，你们是不是把群众赶跑了？"

公安人员回答，他们是奉命闭园来接待首长的。"为什么要这样？我们有什么见不得人的？这么大的一个公园，我们来了，别人就不能来？这种规矩，以后在我们共产党领导的国家里决不能有！"

彭德怀同志说罢，返身走出了公园。

路上，彭德怀同志告诉小景："我以后再不逛公园了，免得老百姓背后骂我的娘！"

彭德怀是一代名将，在十大元帅中，他是唯一一个参加过两次国内革命战争、抗日战争，并且在新中国成立后又和美国人打过仗的元帅，与死神擦肩更是千回百次。毛泽东曾为之赋诗："山高路远坑深，大军纵横驰骋，谁敢横刀立马，唯我彭大将军。"

1974年11月29日，彭德怀在北京逝世，享年76岁。

1978年12月24日，邓小平同志在彭德怀同志追悼大会上的悼词中说："彭德怀同志是国内和国际著名的军事家和政治家，一直受到广大党员和群众的怀念和爱戴。"

2011年3月21日，习近平同志在瞻仰彭德怀故居时饱含深情地说："彭老总是我非常敬重的一位老前辈，他的精神永远是我们中国共产党宝贵的精神财富和重要组成部分。我们要以他的精神来激励广大的党员特别是领导干部，做好自己的事，为党、为人民，把我们国家建设得更好。"[1]

① 中共湘潭县委、湘潭县人民政府：《继承和弘扬彭老总精神 谱写新时代湘潭县改革发展稳定新篇章——纪念彭德怀同志诞辰 120 周年》，《湖南日报》，2018 年 10 月 24 日。

55. 邓子恢
敢做人民的代言人

邓子恢（1896年8月17日—1972年12月10日），1896年8月17日出生在福建龙岩新罗区，是闽西革命根据地和苏区的主要创建者和卓越的领导人之一。1926年，他加入中国共产党，历经抗日战争和解放战争。中华人民共和国成立后，曾任中共中央农村工作部部长、国务院副总理、全国政协副主席等职。

在革命战争岁月中，每当战斗的间隙，邓子恢同志都要到群众中去了解情况，去宣传党的政策和了解村中的各种情况。部队宿营，他都要亲自检查“三大纪律八项注意”的执行情况，不准有任何损害群众利益的事情发生。

1953年，邓子恢同志担任中央农村工作部部长。他在农村工作部的十年间，带领工作组走遍了祖国大部分省、区，做了大量的调查研究工作。

邓子恢同志一直强调：“凡涉及到广大群众的事情，不要个人自作聪明，不要主观主义、命令主义。要同群众商量，走群众路线。”

1961年邓子恢同志身患黄疸病、糖尿病等多种疾病，组织上安排他去海南榆林治疗、休养。

此时，国家经济遭到极大的破坏，闽西家乡许多干部群众给他和张鼎丞同志写信，希望得到他们的关注。

这年春天，邓子恢同志不顾疾病，毅然和张鼎丞同志率领一个工作组，带病经漳州返回龙岩，深入到东肖、湖邦等地进行了二十余天的调查，接待了大量来访的干部和群众。

有一天，邓子恢同志和张鼎丞同志到龙岩街上理发。刚理了一半，群众闻讯，都围到了理发店门口。他们两人等不及理完发，就赶紧走上大街，接见了群众，还发表了即兴演说。

群众都高兴地说：他们虽然住在北京，却和我们老区群众心连着心。

20世纪60年代初期，因“大跃进”和“人民公社化”运动而泛滥开来的“五风”（高指标、瞎指挥、强迫命令、浮夸风、“共产风”）给农业生产带来了曲折和困难。广大农民迫切要求迅速克服出工“一窝蜂”，干活“磨洋工”，分配“大概工”的不良现象。在这种情况下，江汉平原、珠江两岸的农民创造了若干包产到组、到人、到户等责任制，取得了很好的效果。

但是，在“左”的指导思想影响下，对这个问题，干部中出现了严重的分歧和认识上的混乱。为了弄清问题，农村工作部部长邓子恢同志亲自派人到广东、河南等地广泛调查，肯定了一些地区出现的各种形式的责任制，综合了一些好经验，并积极向党中央提出在农村普遍推广和建立生产责任制的建议。

有的同志劝邓子恢同志，提这种建议有风险，等中央表态后再提吧。邓子恢同志毫不含糊地说：“不能等，应当向中央明确地提出意见。”“有的人就是怕丢乌纱帽，却不顾老百姓的死活。”“为了个人的得失而放弃群众的利益，那还是共产党员？”

邓子恢同志曾受过五次大的错误批判。新中国成立初，在农业问题上，也曾被撤职、降职、靠边，但他始终遵循着为人民的利益而工作的原则。

为人民的利益不怕丢“乌纱帽”，这不是每一位领导者都能做到的，但邓子恢同志做到了。他想问题、办事情都着眼的是人民的利益，而不是自己的“乌纱帽”。

因此，他敢做人民的代言人，勇于奉献自己的前程，并且“虽九死而不悔”。

1972年12月10日，邓子恢因病在北京逝世，享年76岁。邓子恢逝世之后，董必武同志曾手书悼诗：“崛起闽西有俊声，敢挑重担任批评。忠于革命忠于党，应是毛公好学生。”

56. 孙毅
时刻准备为人民掉脑袋

孙毅（1904年5月12日—2003年7月5日），1904年5月12日出生在河北省廊坊市大城县。1933年，他加入中国共产党，参加过土地革命战争、抗日战争和解放战争。

中华人民共和国成立后，孙毅任中国人民解放军第二高级步兵学校校长，华北军区副参谋长，中央军委军校部副部长，中国人民解放军训练总监部外训部副部长，军委出版部部长，总参谋部军训部副部长等职务。1955年他被授予中将军衔。

按孙毅将军的职务级别，他的工资收入可以说并不会太少，但他每个月不仅没有节余，有时到月底他还得让公务员去卖旧报纸，以补贴工资之不足。

原来，孙毅将军每个月除了交给夫人固定的伙食费外，其余的钱都用来给青少年购买、邮寄书刊了。这种活动孙毅将军整整坚持了二十多年，花费的钱数以万计。有人问他："你这样做究竟图个啥？"他回答说："啥也不图，就是图青少年能成为对国家有用的人。"

孙毅将军的儿子结婚后，嫌家里的房子小，不高兴。孙毅将军就把他领到住房拥挤的邻居家受教育。看完邻居家的住房，孙毅将军对儿子说："要把自己摆在一个普通群众的位置上。心里有群众，许多事情就容易想通了。”

孙毅将军功勋卓著，但他从来不以功臣自居，而是甘当人民的公仆，自觉地把群众置于自己之上，全心全意地为人民服务。

1976年唐山发生大地震时，北京也受到了波及。此时的孙毅将军最先想到的，不是自身、自家的安全，而是群众的安危。他把家人召集到一起，对他们说：“咱们家人少院子大，怎么都好办。可周围的群众房子挨着房子，楼挨着楼，一有震情，他们往哪里躲呀！我想，一旦有震情，就把咱们家的大门打开，让群众进来躲避。”

听了他的话，一个孩子担心地问：“那安全保卫怎么办？”孙毅将军见儿子有想法，很生气，大声地说：“这用不着你操心，我从参加革命的那天起，就准备为人民掉脑袋！”

这几件事虽小，但却折射出孙毅将军强烈的社会责任感。为了青少年的健康成长，他几乎倾其所有。而对儿子也不溺爱，始终以一个普通家庭的身份来要求孩子。中国人民解放军总政治部原主任余秋里在知道了孙毅将军的事迹后评价说：“如果我们全军有一百个孙胡子，全国有一千个孙胡子，那我们就了不起啦！”

2003年7月4日，孙毅将军在北京逝世，享年99岁。

孙毅将军1987年被评为全国优秀共产党员；1992年被评为全国少年儿童校外教育先进工作者；1993年被评为全军先进离休干部。2003年5月解放军总参政治部曾发出通知，号召总参离退休干部向这位“百岁将军”学习。

57. 甘祖昌
不要再格外照顾我

甘祖昌（1905年3月23日—1986年3月28日），1905年3月23日出生在江西省莲花县，1927年加入中国共产党，1928年参加中国工农红军。他先后参加了土地革命战争、抗日战争、解放战争，为了党和人民的事业出生入死、数次负伤。

中华人民共和国成立后，甘祖昌先后任新疆军区后勤部副部长、部长等职务。1955年被授予少将军衔。

在长期的革命战争中，甘祖昌头部三次受重伤，严重的脑震荡后遗症使他难以坚持领导工作，领导和同志们都建议他到条件比较好的地方去长期休养，但甘祖昌却向组织上申请回家乡务农。

1957年9月，甘祖昌将军的申请获得了批准。他带着妻子儿女，告别了新疆。

为了给国家节省钱，他连卧铺都舍不得买。一家12口人坐在硬席车厢里，行李被精简成三个箱子，三个麻袋。另外带了8只笼子，笼子里装着6头约克猪，15只安格拉兔，还有15只来亨鸡。

甘祖昌将军回到他的家乡——江西省莲花县坊楼乡沿背村。

他们一家三代12口人与他弟弟一家8口挤住在一栋小土砖房里。因为房子实在太少，他们就把柴草间打扫出来作为卧室。

乡亲们想帮助他再盖一所新房。但甘祖昌说："这房子还蛮好，挤一点算什么。再说，有钱要先用在发展生产上，只有生产发展了，我们生活水平才会提高。那时，大家都盖新房，我再盖也不晚呀！”

回乡的第三天清晨，甘祖昌将军就和当地的农民一样，拿着一根竹旱烟管，头上戴着一顶斗笠，穿着一身染黑了的打着补丁的旧军装，腰间系着一条白粗布带子，卷起高高的裤脚管，打着一双赤脚，拿着竹粪箕在村前村后拾起牲畜粪便来了。

当年的冬天，甘祖昌将军提出了改造村里120亩冬水田的建议。他亲自设计开排水沟的方案，还每天同社员一道拿着锄头挖沟。

社员的铁锹挖坏了，他出钱修理；水田需要肥料，他捐出钱来购买。改造后的冬水田，由每年种一季稻变成了一年种两季稻。

为了发展生产，他不但积极出主意、出力气，而且把多年来省吃俭用积蓄下来的5400元钱全部捐献给了社里。

甘祖昌在生活上，一直保持着老红军艰苦朴素的本色。一回到家里，他就叮咛弟弟和弟媳说：“我们生活应当和群众一样，你们也不要为我添油加菜。”

弟媳陈水娇一见甘祖昌负伤的牙床吃力而又缓慢地咀嚼糙米饭，心里就难过得不行。

一天，她悄悄地为甘祖昌舂了一点白米。甘祖昌见了却让她赶紧收拾起来。

甘祖昌对她说：“可不敢这样，快收拾起来吧！群众吃糙米，我吃白米？！”……“你不知道，糙米比白米营养价值高，牙床不好慢慢就会适应的。再说，这比起长征时用野菜野草填肚子强得多啦！”

省委、县委和公社为了照顾他的身体，曾打算每年多给他点菜油，每逢年节时送点面粉给他。甘祖昌都一一谢绝了，并且怀着感激的心情说："请你们还是当我是一个普通社员看待吧！社员怎样生活，我就怎样生活，不要再格外照顾我。"

1986年3月28日，甘祖昌在家乡江西省莲花县病逝，终年81岁。

58. 史来贺
新时代农民的先驱

史来贺（1930年7月3日—2003年4月23日），1930年7月3日出生在河南省新乡县七里营镇刘庄村，1949年8月加入中国共产党。

刘庄地处豫北黄河故道，总面积1.5平方公里，750多块凹凸不平的土地，被称为“耷拉头”“盐碱洼”“蛤蟆窝”，是有名的长工村。1952年12月，年仅21岁的史来贺当选为刘庄村党支部书记，他下决心要把穷刘庄变成富刘庄，立下誓愿：“我就包这1.5平方公里的地球，非把它‘修理’好不可！”

1953年春天，史来贺带头建起了初级社，带领全村群众打响了平整土地的战斗。男女老少齐上阵，肩挑、车拉、人抬，起岗填沟，拉沙盖碱。就这样，前后用了20年时间，把全村土地改造成四大方旱能浇、涝能排的良田。平地改土投工40多万个，搬土200多万方，要是一方方连接起来，可以从北京排到广州。在平整土地的基础上，他们又开河挖渠，修桥建闸，打井架电，硬化渠道，使田间工程配套，为农业稳产高产、优质低成本打下了基础。

刘庄位于粮棉产区。新中国成立初期，这里的棉花平均亩产才50斤左右。穷地方怎样富起来呢？史来贺打定了主意，向棉田要高产！1957年，他带领几个干部和村民组成科研小组，攻棉花技术关。他们打起铺盖卷住到棉花试验田旁。严冬，大雪下得足有膝盖深，手提着水桶的铁把，一会儿就冻得拿不下来；酷暑，烈日烘烤着土地仿佛要冒烟一样，人蹲在棉田里，几乎要昏过去。然而，史来贺却始终守护在棉田里。当年，刘庄实现了皮棉亩产53.5公斤、粮食亩产215公斤的好收成，创造出有史以来的最高水平。刘庄一跃成为全省和全国的先进典型。当时全国平均亩产只有35斤。

史来贺领导的刘庄，半个世纪以来稳步发展，没有大起大落。其原因在于史来贺始终坚持一切从刘庄的实际出发，使刘庄的生产关系始终适应刘庄生产力发展的水平，让刘庄人的生活越来越富裕。

20世纪60年代到70年代，刘庄建起了造纸厂，只能作柴禾的麦秸变成了工业原料。刘庄兴办起了畜牧场，这个由3头小奶牛起家的小畜牧场迅速发展成为拥有上千头牲畜的大畜牧场，成为刘庄发展商品经济的突破口。刘庄也开始了新村建设，从1976年到1981年，他们投工30多万个，盖起了1800间单面双层向阳居民楼，为自己创造了美好的生活条件。1980年，刘庄率先跨入“小康”行列。

有外国记者问刘庄成功的秘诀，史来贺说：“坚持社会主义道路，坚持实事求是原则，坚持走群众路线的方法，这就是我们常胜不衰的秘诀。”

2003年4月23日，史来贺在河南新乡逝世。享年73岁。

史来贺曾多次被授予全国植棉能手、全国特级劳动模范等光荣称号，9次受到毛主席的接见，被中共中央组织部誉为“在群众中享有崇高威望的共产党员的优秀代表”。

59. 孔繁森
西藏的老人就是我的老人

孔繁森（1944年7月—1994年11月29日），1944年7月出生在山东聊城，1961年，17岁的孔繁森光荣参军，1966年，他加入了中国共产党。他曾两次进藏工作。

1979年，时任聊城地委宣传部副部长的孔繁森第一次赴西藏工作，担任日喀则地区岗巴县委副书记。

岗巴县地处边境，平均海拔4700米以上，交通不便，工作生活条件非常艰苦。但孔繁森在岗巴县的3年时间里，跑遍了全县的所有乡村牧区，与岗巴县的群众结下了深厚的友谊。1981年，当他奉调离开岗巴返回山东时，藏族同胞含着热泪为他送行。

1988年，山东省再次选派进藏干部，组织上认为孔繁森不仅政治上成熟，又有丰富的在西藏工作的经验，便决定让他带队第二次赴藏工作。此时的孔繁森已经担任了聊城地区行署副专员。

第二次进藏后，孔繁森担任拉萨市副市长，分管文教、卫生和民政等工作。他到任后没几个月，就跋山涉水地跑遍了全市8个县区所有的公办学校和一半以上的村办小学，调查了解学校的困难和诉求；为了结束尼木县几个乡的群众易患大骨节病的历史，他多次爬到海拔近5000米的山顶水源处采集水样，帮助群众解决饮水问题。

1992年底，孔繁森第二次调藏工作期满，西藏自治区党委决定任命他为阿里地区地委书记。孔繁森毫不犹豫地服从了组织的决定和人民的需要。

阿里地区平均海拔4500米，被称为“世界屋脊的屋脊”，条件异常艰苦。就是在这异常艰苦的条件下，孔繁森在一年多的时间里，就跑遍了全地区106个乡中的98个，了解群众的困难，帮助群众寻找脱贫致富的路子。

孔繁森常说：“西藏的老人就是我的老人，西藏的孩子就是我的孩子，西藏的土地就是我的家乡，我要用行动证明党的干部是真正为人民服务的。”孔繁森用行动证明了他的誓言。

孔繁森早年在部队医院当过兵，懂得一些医术。来西藏工作后，他看到当地缺医少药现象非常严重，就准备了一个小药箱，买上一些常用药，为农牧民看病治病。到阿里工作后，这个小药箱又随同他到了阿里。

他下乡所到之处，总是有着这样的情景：在草地上，在帐篷里，在羊圈旁，孔繁森席地而坐，他的身边簇拥着一大帮等着看病取药的群众。

一次，有位70多岁的藏族老人肺病发作，浓痰堵塞了咽喉，生命垂危。当时，没有其他医疗器械可用，孔繁森就将听诊器的胶管伸进老人嘴里，又对着胶管将痰一口一口地吸出来，然后又为老人打针服药，直到老人转危为安，他才放心地离去。

1994年11月29日，孔繁森在完成新疆塔城边境贸易考察任务返回阿里的途中，不幸发生车祸，以身殉职，年仅50岁。

在孔繁森的葬礼上，悬挂着一副挽联：“一尘不染，两袖清风，视名利安危淡似狮泉河水；两离桑梓，独恋雪域，置民族团结重如冈底斯山。”这副挽联形象地概括了孔繁森清正廉洁的一生，也道出了藏族人民对他的怀念。

2018年12月18日，党中央、国务院授予孔繁森同志改革先锋称号，颁授改革先锋奖章；2009年9月，在中央宣传部、中央组织部等11个部门组织的评选活动中，孔繁森被评为“100位新中国成立以来感动中国人物”；2019年9月，孔繁森获得“最美奋斗者”荣誉称号。

60. 任长霞

在我这儿只有公正的法律

任长霞（1964年2月8日—2004年4月15日），1964年2月8日出生在河南省商丘市睢县，她1983年10月参加工作，1992年12月加入中国共产党，2001年调任登封市公安局局长，为河南省公安系统有史以来的第一位女公安局长。

任长霞是警察界的传奇人物，她以自己的毕生心血忠实地履行了警察的神圣职责。

2001年4月23日深夜，任长霞同往常一样照例批阅群众的来信，一封群众来信，使她异常震惊：登封一老板王松纠集家庭成员在白沙湖一带，横行乡里，殴打无辜，敲诈勒索，致上百人受到伤害，7人丧命，民怨极大，请求严惩。

看完群众的来信，任长霞心情沉重，及时向上级领导做了汇报，并迅速成立了“打黑专案组”。4月29日，王松手下的爪牙因参与作案被抓获，正在外出差的王松闻知后迅速赶回登封，决定以钱开道，打通关节，救出打手。得知这一情况的任长霞决定将计就计。

5月1日晚9时许，王松来到了任长霞办公室，说道：“出差回来，才知道手下人捅了娄子，请任局长高抬贵手，网开一面。”说罢便把一沓钱往桌子上一放。任长霞不由拍案而起：“你罪孽深重，伤天害理，不是花几个钱就什么事都能摆平的，在我这里没有金钱能打通的关节，只有公正的法律！”此时早已守候在门外的民警听到拍案信号，立即冲进屋来，将不法之徒一举擒获！

为了彻底改善当地的治安状况，任长霞开始逐步把工作重心放到解决陈年旧案上。

任长霞刚表示要查陈年旧案，就收到了一封匿名信。信中说：“没有金刚钻别揽瓷器活，当心打虎不成被虎伤。”

查陈年旧案会遇到的阻力和风险，任长霞非常清楚，但党的群众纪律要求她要始终把人民群众的利益放在心上，她看过信之后轻蔑地一笑，因为这样的“威胁”她早已见怪不怪了。

她一鼓作气，带领干警们破获、审理旧案300多起，抓获罪犯上千人。其中一件强奸杀人案11年未破案，被害少女的母亲眼睛都哭瞎了。

案子破获后，任长霞亲自搀扶着那位失明的母亲来到少女的坟头，向远在天国的女孩通报这一消息。

2004年4月14日晚，任长霞在侦破“1·30”案件途中遭遇车祸，经4个多小时紧急抢救，终因伤势过重，不幸因公殉职，年仅40岁。葬礼那天，20万市民自发前来为她送行。

2005年2月17日，任长霞被评为“感动中国”2004年度十大人物；2009年9月，她被评为“100位新中国成立以来感动中国人物”；2018年12月18日，她被评为“改革开放40周年政法系统新闻影响力人物”；2019年9月，她获得“最美奋斗者”荣誉称号。

61.

沈浩
舍小家，为大家，为国家

沈浩（1964年5月—2009年11月6日），1964年5月出生在安徽省萧县，1982年他加入中国共产党。2004年2月，沈浩被安徽省委组织部、省财政厅选派到小岗村担任村党委第一书记。

来到小岗村，沈浩很快就实现了从“城里人”到“村里人”的角色转变。他走村串户了解民情，和农民肩并肩地修路办厂。

三年任期，他带领小岗村的群众修平了路，启动了小岗村的农家乐旅游服务，小岗村的百姓也逐步走向了富裕。

然而，沈浩的任期却到了。“当年我们杀头、坐牢都不怕，可沈浩要走，我们真怕了。”“大包干”带头人严金昌说。

小岗村的几位村民代表一合计，带着一封按下了98个红手印的信找到省委组织部和财政厅，恳请留下沈浩。

走，还是留？沈浩焦灼不安，选择两难。最后，沈浩选择了留下。一干又是三年。

三年转瞬即逝。第二个三年任期又要到了。是走，还是留？无尽的牵挂，一样的深情，再一次让沈浩难以抉择。小岗村的百姓再一次按下了红手印，真情地挽留。

想留。离家6年，太长了……沈浩是出了名的孝子。90岁的老娘，他特别牵挂。女儿盼着爸爸回家；妻子盼望着夫妻早日团聚，不同意沈浩留任。

想走。小岗村的父老乡亲又让他牵肠挂肚……

在党和人民利益与个人利益面前，沈浩选择了党和人民的利益。他留在了小岗村，而且永远地留在了那里。

“两任村官呕心沥血带领一方求发展，六载离家鞠躬尽瘁引导万民奔小康。”这副长长的挽联，浓缩了沈浩人生最后的光辉时光。

小岗村的群众回忆说：“为了寻求小岗加快发展的良方，沈浩一到小岗村就扎进了村民中间，用了30多天的时间，把全村108户跑了个遍。”“为把小岗这块金字招牌擦得更亮，沈浩请来了省城的专家，在广泛征求群众意见的基础上，制订出了‘发展现代农业、开发旅游业、招商引资办工业’的三步走发展战略。”

小岗村的群众说：“沈浩时刻都惦记着我们老百姓，谁家有个难事、急事，他心里都有一本账。‘有困难，找沈浩！’是我们遇到困难时常说的话。”

小岗村的人们还记得这样一件事情：2005年夏天的一个夜晚，雨下得特别大，沈浩马上想到了徐庆山一家还住在三间危房里。他立即从床上爬起来，摸了个雨具就往外冲。一路上，天又黑，路又滑，深一脚，浅一脚，鞋子陷到泥里拔不出来，他干脆光着脚，一口气跑到徐庆山家。一进门，看见屋里到处漏雨，房顶上的泥灰“哗啦、哗啦”直往下掉。

沈浩跑到床边，急忙把孩子抱在怀里，连声招呼还在发愣的徐庆山两口子：“还不快走。”折腾了大半夜，才把徐庆山一家安顿好。

2009年11月6日，沈浩因积劳成疾不幸逝世，年仅45岁。沈浩被评为感动中国2009年度人物，组委会给他的颁奖词是：“两任村官，六载离家，总是和农民面对面、肩并肩。他走得匆忙，放不下村里道路工厂和农田，对不住家中娇妻幼女高堂。那一年，村民按下红手印，改变乡村的命运；如今，他们再次伸出手指，鲜红手印，颗颗都是他的碑文。”

2016年4月，习近平总书记视察小岗村时要求：“希望大家向沈浩同志学习，进一步把乡亲们的事情办好。”

2019年9月，沈浩获得“最美奋斗者”荣誉称号。

62.

黄文秀
时刻把群众的困难放在心里

黄文秀（1989年4月18日—2019年6月17日），1989年4月18日出生在广西壮族自治区百色市田阳区巴别乡德爱村多柳屯，2011年6月她加入中国共产党。2016年，她从北京师范大学研究生毕业之后，报名考取了选调生，回到家乡，成为百色市委宣传部的一名干部。

2018年3月，黄文秀以百色市委宣传部副科长的身份，派驻乐业县新化镇百坭村任党组织第一书记。

百坭村山石林立，是个深度贫困村，全村472户中有贫困户195户，而且全村11个自然屯位置分散，多个屯距离村部都在10公里以上。

黄文秀上任之初，工作难度相当之大。她走村串户访问贫困户了解情况时，有的村民甚至不让她进门，好不容易进了家门，打开笔记本想记录点什么，群众却僵硬着脸，闭口不言。

为了与困难群众拉近感情，了解到真实情况，黄文秀到了村民家不再直接询问情况，而是脱下外套，帮助村民干农活，扫院子，摘砂糖橘，收玉米，种油茶，等等，看到什么活就干什么活。

朴实的黄文秀终于打动了村里的父老乡亲，他们很快就接纳了她，并喜欢上了她。

为了落实党的精准扶贫政策，黄文秀绘制了百坭村“贫困户分布图”，每一户的住址、家庭情况都记得一清二楚。

为了解决百坭村产业缺乏的问题，黄文秀带领村干部和群众立足当地的资源条件，大力发展杉木、砂糖橘、八角、枇杷等特色产业。

为了打开百坭村产品的销售渠道，黄文秀带着全村发展电商，2018年，百坭村仅砂糖橘一项，就在电商平台上销售了20000多公斤，销售额达到22万元。

“百坭村驻村工作队员黄韦程记不清黄文秀在村里熬了多少夜。‘她一直提醒我们，要时刻把群众的困难放在心里，把工作做在前面。’”[①]

2019年6月17日凌晨，黄文秀从百色返回乐业途中遭遇山洪因公殉职，生命定格在30岁。

2019年6月，习近平总书记对黄文秀同志先进事迹作出重要指示，要求“广大党员干部和青年同志要以黄文秀同志为榜样，不忘初心、牢记使命，勇于担当、甘于奉献，在新时代的长征路上做出新的更大贡献”。[②]

2019年7月1日，中国共产党中央委员会宣传部追授黄文秀“时代楷模”称号。7月17日，中华全国总工会追授黄文秀同志“全国五一劳动奖章”。9月，黄文秀荣获第七届全国道德模范“全国敬业奉献模范”。9月25日，黄文秀被授予“最美奋斗者”荣誉称号。10月，黄文秀被追授为“全国优秀共产党员”。2020年1月1日，黄文秀被评为“2019十大女性人物”；2020年5月17日，黄文秀被评为感动中国2019年度人物；2021年6月29日，在中国共产党诞生100周年之际，黄

① 徐海涛、何伟、屈辰：《黄文秀：坚定的初心　闪光的青春》，新华社，2019年7月2日。

② 《习近平对黄文秀同志先进事迹作出重要指示》，新华网，2019年7月1日。

文秀获得“七一勋章”，这是党内最高荣誉。

贫困村民黄仕京曾经问过黄文秀：“你是从北京毕业的研究生，为什么到我们这么边远的农村工作？”黄文秀回答：“百色是脱贫的主战场之一，我没有理由不回来，我们党是切实为群众谋发展谋福利的党，怎么能不响应党的号召呢？”[①]

① 徐海涛、何伟、屈辰：《黄文秀：坚定的初心　闪光的青春》，新华社，2019 年 7 月 2 日。

63. 毛丰美 发扬“干”字精神

毛丰美（1949年5月—2014年9月26日），1949年5月出生在辽宁省凤城市大梨树村，1981年，他被选为辽宁省凤城市大梨树村党支部书记。

他自上任以来，就带领全村人艰苦创业，发扬“干”字精神，彻底改变了大梨树村昔日贫穷落后的面貌。

大梨树村是“八山半水一分田”。要在这样的自然环境中脱贫致富，不是一件容易的事情，但不容易的事情也要干。毛丰美跟村里的干部和群众研究制定了“修山治水、退耕还林、围水造景”的发展规划。

说干就干，毛丰美带领着村民“鸡叫亮天干、头顶烈日干、披星戴月干”，没有机械化设备，他们就用铁锹、铁镐、扁担、土篮子和手推车，肩挑背扛。就这样，干了十多年，硬是把20多个荒山和70多条沟壑建成了万亩果园和美丽家园，昔日的荒山秃岭，变成了流金淌银的花果山。2008年7月，全国人大常委会委员、大寨党支部书记郭凤莲来到大梨树村参观时，连声赞叹：“你们大梨树村造地的规模是我们大寨的10倍，我向农民实干家致敬。”

毛丰美不仅时刻关注着大梨树村的发展，也操心着村民们遇到的生活困难。谁家春天种地没有钱买种子和化肥了，谁家有病没有钱治病了，他都了如指掌。无论谁家遇到困难，他能出钱出钱，能出力出力，能协调的协调，就连外地有人有困难求助于他，他也会热心相助。

辽宁省盘锦市有一户农家，夫妻俩经常吵架，有时还会动起手来，家庭“战争”不断。后来，女方实在无法忍受，就带着两个孩子，到离家数百里开外的大梨树村来找毛丰美，请求毛丰美帮助自己在大梨树租个房，再给自己找份活儿，靠打工挣钱养活自己和孩子。

毛丰美通过交谈了解到，他们夫妻虽然经常吵架，但感情还是有的，就耐心地做她的思想工作。毛丰美对她说：“我帮你找个活没问题，但你一个女人带着两个孩子又租房、又打工，太不容易了，再说，你跟家里一声招呼都没打就跑出来，家里人该多着急和担心啊！”

听了毛丰美的话，前来求助的妇女开始为自己的一时冲动后悔，表示回去一定好好过日子。

第二天，毛丰美特意让家人给她们包了顿上车饺子，还把自己当选劳动模范奖励的500元奖金塞给了她，以备路上不时之需。

“干”字精神，是毛丰美亲自倡导并努力践行的。所谓“干”字精神，就是“苦干——弯大腰、流大汗，实干——重规律、求实效，巧干——讲科学、闯市场”。

毛丰美在主持全村工作的30多年中，带领村民发扬“干”字精神，彻底改变了大梨树村昔日贫穷落后的面貌。如今大梨树村集体总资产超过6亿元，年人均收入超过两万元。

2014年9月26日凌晨3时55分，毛丰美因病医治无效，在大梨树村与世长辞，享年66岁。2015年他被提名为第五届全国道德模范助人为乐模范候选人。

64. 柴生芳
升官发财，莫入此门

柴生芳（1969年7月—2014年8月15日），1969年7月出生在甘肃省宁县，1990年7月，他毕业于北京大学并参加工作，后来又在日本留学取得博士学位，2004年6月，他加入了中国共产党。

2006年4月，柴生芳主动请缨从甘肃省委办公厅调任有“苦甲天下”之称的定西工作。他先后在定西市的陇西、安定、临洮任职。不管职务如何变，不变的是他那为民富民的理想和追求，是他那不折不扣执行党的路线、方针、政策的行动力，他全身心地投入贫困地区扶贫攻坚的主战场。

2013年12月，柴生芳担任了临洮县委副书记、临洮县人民政府县长，主持县政府的全面工作。

自任县长以来，柴生芳在不到9个月的时间里，跑遍了全县323个行政村，行程达4万多公里。车能去的地方车去，车到不了的地方步行。紧邻临夏州康乐县的南屏镇康家沟村，有一个仅有12户人家的村民小组，叫“划不着山庄”，因路途遥远、交通不便、人口稀少而得名。柴生芳徒步行走了近4个小时，入户走访了住在半山腰的8户群众，准确掌握了当地实情。

在全面摸清了乡镇、村、社、农户实情的基础上，柴生芳指导县扶贫办统一制作农户基本情况检索系统和扶贫重点人口档案信息平台，识别重点扶贫人口11.21万人，将全县144个贫困村分为产业示范村和潜力村，“对症下药”为323个行政村确定了主导优势产业，形成了“一乡一业，一村一品”的精准扶贫全新路线图，为制定精准扶贫战略规划打下了坚实的基础。

为了有效推动工作落实，他还推行了“任务上图、进度上墙”和“周督查、月通报、季分析”的工作措施，并将扶贫攻坚、项目建设等重点工作任务绘制成图表挂在办公室。

他顶住压力，下决心对境内小水电站和采砂场进行了清理整顿，先后整治小水电站13座，关闭违规采砂企业17家，有效改善洮河流域生态环境。

柴生芳的生活非常简朴，他乘坐的公车上，除了雨鞋、雨衣、草帽、茶杯、笔记本外，再无他物；他逝世的时候，脚上的袜子还有破洞。在柴生芳的一本工作日志的扉页上写着“升官发财，莫入此门”八个大字。

2014年8月15日凌晨，柴生芳同志因加班工作后诱发心源性猝死，在办公室不幸去世，年仅45岁。

2014年8月18日上午，一群又一群来自四面八方的乡亲，不约而同地从山上、田间赶来，来为柴生芳送行。

事业未竟，柴生芳带着遗憾离开了临洮县，离开了爱他的人们和他爱的人民。

2014年12月，中央组织部追授柴生芳同志“全国优秀共产党员”称号。

2015年1月，中央组织部、人力资源和社会保障部、国家公务员局追授柴生芳同志全国“人民满意的公务员”荣誉称号。

2019年9月，柴生芳获“最美奋斗者”个人荣誉称号。

65. 郭明义

心系群众，为民解难

郭明义（1958年12月—），1958年12月出生在辽宁鞍山，1977年1月参军入伍，1980年6月12日加入中国共产党，1982年1月，郭明义复员到鞍钢集团矿业公司齐大山铁矿工作。

郭明义从入党的那一刻起，就告诉自己，是共产党员，就要做出样子来。党让我干什么，我就干什么。不论任务有多重、条件有多艰苦、困难有多大，我都要努力干好。

郭明义是这样想的，也是这样做的。入党40多年来，他时时处处发挥先锋模范作用，在每一个工作岗位上都取得了突出的业绩。

郭明义当兵时，所在部队位于黑龙江省牡丹江市海林县，当地天气非常寒冷。他的战友回忆说，每天早上，郭明义都是第一个起床，冒着严寒外出挑水。由于地面结冰使脚下打滑，扁担上的水桶不时摆动溅出水来洒在衣服上结成冰，挑水回来时他的身上经常挂着冰块，对此，他不叫一声苦，不喊一声累。挑满水缸后，他又忙着砍柴、生炉子、烧水，只为了能让战友们起床后马上就能用上热水。在自己班里忙完了，他又到别的班去做这些事，常常是全排的这些杂事都叫他一个人包了。

郭明义还经常主动替身体不舒服的战友站哨，每次查哨看到他时，问他："你又替谁站哨了？"他只是笑笑敬个礼。他经常起早清扫室内外卫生，特别是在冬天下雪时，他起得更早。如果是小雪，等起床号吹响时他已经扫完了，遇到大雪他也能扫，堆出一两个班的分担区。

他经常帮出车的战友洗衣服、做被子，战友出车回来问是谁干的，他从不做声。时间久了不问也知道是他。[①]

郭明义复员到鞍钢集团矿业公司齐大山铁矿工作后，继续按照党的纪律要求去做，履行着党员的责任和义务。

他情牵工友，解难助困。他把工友的事当作自己的事，工友生活困难、患病，他捐款。

他关爱学子，捐资助学。他从1994年开始参加捐资助学，至今已捐助困难学生300多名。

他心系群众，为民解难。无论是谁遇到困难，只要他知道了，立即毫不犹豫地伸手相帮，累计捐款54万多元。

为了帮助他人，郭明义把自己的生活标准降到了最低，始终过着简朴甚至清贫的生活。

1990年以来，他坚持了20年无偿献血，累计献血6万毫升，相当于自身总血量的10倍。

有人问他为什么要这样做？他说：“30年来，我经历了很多，但我的信念一直很明确：一个共产党员，要为党、为国家、为人民的事业奉献自己的一切，这是天经地义的，不需要任何理由！”

郭明义说，他的做法是天经地义的，不需要任何理由。事实上，有一个理由，这就是他对人民的热爱。正如他自己所说的“我这样去

---

① 《郭明义在部队——助人为乐的优秀战士》（三），中国共产党新闻网，2010 年 9 月 15 日。

做事，就像父母抚养子女、儿女孝敬老人一样，没有那么多复杂的动机和缘由，就是天经地义的事”。

他对人民有着如“父母抚养子女、儿女孝敬老人”一样的思想感情。

郭明义说：“在日常的工作、生活和社会活动中，经常会有同志问我：‘老郭，你这么做到底图什么？’我真的什么都不图，我认为这是我应该做的事，或者说我所做的一切，都是一名党员最基本的责任和义务。”

正是由于这样的信念、这样的认识，这位普通的矿工作出了不普通的奉献；这位平凡的人物书写了不平凡的人生。

郭明义被评为感动中国2010年度人物，组委会给他的颁奖词是：“他总看别人，还需要什么；他总问自己，还能多做些什么。他舍出的每一枚硬币、每一滴血都滚烫火热。他越平凡，越发不凡，越简单，越彰显简单的伟大。”

2010年9月，中共中央组织部决定，授予郭明义同志“全国优秀共产党员”称号。

2018年12月18日，党中央、国务院授予郭明义同志改革先锋称号，颁授改革先锋奖章。

2019年9月，郭明义获得“最美奋斗者”荣誉称号。

66. 朱伯儒
一辈子为群众做好事

朱伯儒（1938年11月—2015年9月15日），1938年11月出生在广东高州镇江镇荷村，1955年3月，他参军入伍；1969年3月，他光荣地加入了中国共产党。1993年初，朱伯儒调任广空副政委（正军职），一直到退休。

毛泽东同志曾经说过："一个人做点好事并不难，难的是一辈子做好事，不做坏事，一贯的有益于广大群众，一贯的有益于青年，一贯的有益于革命，艰苦奋斗几十年如一日，这才是最难最难的啊！"然而这最难最难的事，有一个人却做到了。他就是朱伯儒。

他看到有群众生活比较困难，便尽力帮助他们。他曾先后接济、赡养过10位孤寡老人，其中一位老人他竟赡养了9年，直到老人病逝。

他曾在豫西山区工作过。在那里，他走门串户，了解群众的困难。他掏出自己的工资给困难的群众买药治病，他把妻子给他寄的补养品全部给了村里的孤寡病老。

当群众遇到危难，他总是挺身而出，舍身相救。他曾奋不顾身跳进深湖，救出一个对生活绝望而投水自溺的青年，并帮助他树立起正确的人生观。

他曾将一个在公共汽车上偷自己钱包的失足青年带到家里住了两

夜三天，做这位失足青年的思想工作，使这位失足青年认识到自己所犯的错误。当他了解到这位失足青年生活有困难后，他又买了车票和十多斤猪肉、年糕及笔记本把这位青年送上了火车。

朱伯儒就像一团火，温暖着人们的心。人们说他是“好人”，称他为“活雷锋”。

湖北枣阳有位名叫王明春的老人，在去世前，一再叮嘱儿子：一定要找到那个好人，向他表示感谢。原来，有一年王明春路过南阳时胃大出血，昏倒在地，是素昧平生的朱伯儒把他背进医院，并为他输了300CC的血。朱伯儒在医院里给他端屎端尿伺候了他好几天。最后还为他结了医药费，把他送回了家。

朱伯儒做了好事，从来也不张扬。直到有群众找到部队，人们才知道，多年来，朱伯儒一直以“一名解放军战士”“一名共产党员”的名义为群众做了许许多多的好事。于是，他这位默默无闻的“活雷锋”才站到人们的面前。

朱伯儒获得了荣誉的桂冠之后。有人问他：“怎样面对荣誉的考验？”朱伯儒回答说：“把身心都沉到群众中，埋头做事，埋头学习。常想自己的缺点和不足。要是飘浮了，昏头翘尾，垮了活该！”

正是这种正确看待荣誉的思想认识，使得朱伯儒能够在出名之后，依然保持谦虚谨慎、不骄不躁的作风，依然像未出名前一样关心着别人。

1986年8月，朱伯儒担任了成都军区空军政治部主任，1993年，他又担任了广州军区空军副政委。地位变了，但他还是那样平易近人，还是那样关心他人，他心中的“炭火”依然炽热。

在成都军区工作期间，他走遍了云、贵、川、藏的成都军区空军所有团以上单位。他在灶台边一边摘菜，一边同炊事员交谈；他在飞机旁一边擦着飞机一边同飞行员、机务人员交流思想。他的真诚换来了干部战士的真心，干部战士有问题、有困难总愿意跟他说，而他知道后，总是想尽一切办法来帮助解决。

在西藏，当他得知有两个雷达连已经很长时间没有水吃，靠吃沟里的臭水生活，而且还没有电时，他难受得寝食不安。他不顾严重的高原反应，四处奔走，联系解决。功夫不负有心人。在他离开西藏之前，这两个连队的吃水、用电问题终于得到了圆满的解决。

1983年7月7日，中央军委发布命令，授予朱伯儒“学习雷锋的光荣标兵”荣誉称号。

2015年9月15日，朱伯儒因病去世，享年77岁。

67. 李保国

农民教授

李保国（1958年2月—2016年4月10日），1958年2月出生在河北省武邑县，1989年7月，李保国加入了中国共产党。生前为河北农业大学二级教授、博士生导师。

1983年，他和妻子带着不满一周岁的儿子，离开大学校园走进太行山人烟稀少的保定易县望隆村，进行国家重点攻关课题“太行山高效益造林绿化配套技术研究”。他们在山里一待就是4年多。

李保国主要从事山区开发治理和经济林栽培技术研究，将邢台县前南峪村培育成“全球生态环境建设五百佳”提名奖典型；把内丘县岗底村培育成全国科教兴村先进典型，还打造了“浆水”牌板栗、“富岗”牌苹果和“绿岭”牌核桃等全国知名品牌产品，他所推行的“绿岭薄皮核桃矮化密植栽培技术”被认定为国内首创。

李保国始终奋战在科技兴农、扶贫攻坚和教书育人第一线，先后取得研究成果28项，获得省部级以上奖励18项，技术推广面积1826万亩，培育了16个山区开发治理先进典型，打造了一系列全国知名品牌，带动省内外10万山区农民增收58.5亿元。

这一切成就的取得，是跟他严守党的群众纪律分不开的。他密切联系群众，始终把人民群众的利益放在心中最高位置。

李保国从不讲究穿着，也从不挑剔饭食，能填饱肚子就行。他脸庞黝黑、一身尘土、两脚泥巴，扎在人堆里，你根本看不出他是教授。一次下地，李保国的衣服被树枝划了个口子，村里人想给他换件新衣服，他说："你省点心吧，你把我打扮成上讲堂的教授模样，我咋和农民打交道？农民不认可你这个人，技术传授就会打折扣。"在山里农民的眼里，李保国是个"农民教授"。

李保国非常重视理论与实践相结合。30多年来，李保国所带的学生都被他"赶"到田间地头，让他们把所学知识与生产实践结合。

2016年4月10日凌晨，李保国因突发心脏病，经抢救无效去世，享年58岁。

2016年6月12日，习近平总书记对李保国同志先进事迹作出重要批示："李保国同志35年如一日，坚持全心全意为人民服务的宗旨，长期奋战在扶贫攻坚和科技创新第一线，把毕生精力投入到山区生态建设和科技富民事业之中，用自己的模范行动彰显了共产党员的优秀品格，事迹感人至深。李保国同志堪称新时期共产党人的楷模，知识分子的优秀代表，太行山上的新愚公。广大党员、干部和教育、科技工作者要学习李保国同志心系群众、扎实苦干、奋发作为、无私奉献的高尚精神，自觉为人民服务、为人民造福，努力做出无愧于时代的业绩。"①

2018年12月18日，党中央、国务院授予李保国同志改革先锋称号，颁授改革先锋奖章，并将他评为开创山区扶贫新路的"太行山愚公"。2019年9月17日，国家主席习近平签署主席令，授予李保国"人民楷模"国家荣誉称号。

① 《习近平对李保国同志先进事迹作出重要批示强调：自觉为人民服务为人民造福努力做出无愧于时代的业绩》，《人民日报》，2016年6月版。

五

严格遵守党的工作纪律

党的工作纪律，是党组织和党员在党的各项具体工作中所必须遵守的行为规则。“欲知平直，则必准绳；欲知方圆，则必规矩。”这句话出自《吕氏春秋·自知》，意思是说，要想知道物体是否平直，一定要依靠水准墨线来检测；要想知道物体是否方圆，必须借助圆规矩尺来测量。喻指做人做事要遵循一定的标准、规则。要保证党的各项工作顺利进行，离不开严明的工作纪律这一标准规则。

党的工作纪律要求党组织和党员坚决反对和遏制形式主义和官僚主义，“大力弘扬真抓实干作风，推进工作要实打实、硬碰硬，解决问题要雷厉风行、见底见效，面对难题要敢抓敢管、敢于担责。”[①]在大是大非面前敢于担当、敢于坚持原则，真正把心思用在干事业上，把功夫下到察实情、出实招、办实事、求实效上。真抓实干，坚持工作重心下移，扑下身子深入群众，面对面、心贴心、实打实地做好群众工作，着力解决群众反映强烈的突出问题。

---

① 摘自《习近平：坚持新发展理念打好“三大攻坚战” 奋力谱写新时代湖北发展新篇章》，人民网，2018 年 4 月 28 日。

68. 任弼时
党和人民的骆驼

任弼时（1904年4月30日—1950年10月27日），1904年4月30日出生在湖南省湘阴县（今属汨罗市）塾塘乡唐家桥，1922年，他加入中国共产党，是中华人民共和国开国元勋，是中国共产党与中国工农红军主要领导者之一。

凡是和任弼时同志一起工作或生活过的人，都知道他有三怕：一怕工作少，二怕麻烦人，三怕用钱多。因此，他带病忘我工作，能自己做的事，就自己做好，并且为革命节约每一个铜板。人们称赞他是“党和人民的骆驼”。

任弼时同志患有高血压，党中央一再要他注意休息，但他工作起来就把自己的病情忘到了脑后。

他曾经带病到陕西米脂县杨家沟周围30几个村子进行广泛而深入的调查，为中央制定土地改革的方针政策提供了重要的信息资料；他在重病期间，还主持召开了新民主主义青年团第一次全国代表大会。

一次，他在向大会作政治报告时，终因血压太高而晕倒在主席台上。而当他病情稍有好转，他便立即给毛泽东和中央书记处写信，要求每天工作4小时，后来又恳求医生要工作5小时。

朝鲜战争爆发后，他非常关心战局的发展，不顾疾病，夜以继日地工作。有时头痛得支持不住，就擦点清凉油提神坚持。

身边的人见此情形，很担心，劝他休息。他却说，我们都是共产党员，肩负着革命的重担，能坚持一百步，就不应该走九十九步。我们的工作只能朝前赶，不容往后拖。怎么能总是休息呀！他是这样说的，也是这样做的。

在他病危前夕，他还找武安县、通县的一些同志谈话，为召开全国组织工作会议作准备。就在他去世的前一天晚上，他还在看朝鲜地图。

任弼时同志一心扑在革命工作上，他的一生是埋头苦干的一生。正如刘少奇同志在他的追悼大会上所说的，任弼时同志“在整整30年间，埋头工作，不计地位、名义，不顾严重病情，以全部精力从事中国人民革命解放事业”。

任弼时同志不仅一心扑在革命工作上，还一向坚决反对特殊化。他时时处处严格要求自己，始终保持了共产党员的本色。

他到北京之后，住在景山东街。这里的房子比较小，又紧挨着马路。他的办公室距马路仅有两米远。那里终日车来人往，嘈嘈杂杂，屋内少有安静的时候。

组织上为了照顾他的工作和生活，决定给他调换住处。当任弼时同志了解到，为了他搬家，要把一个机关单位迁走时，就坚决不让换房。

他说，为了我一人而牵动一个机关，这是万万不可的。组织上见他坚决不同意换房，就准备将他的住房修缮一下。但他依然不同意：“现在国家还很困难，需要用钱的地方很多，还是把钱用在建设上去吧！能将就住就行了，不要再给组织和同志们添麻烦了。”就这样，他一直住在景山东街。

任弼时同志在世时，国家实行的是供给制。因此，他经常检查菜金是否超标，检查生活用品是否超过规定。

他一再叮嘱身边的工作人员，任何事情都不能违反制度，一丝一毫也不能特殊。

1950年10月27日，任弼时因病去世，年仅46岁。

任弼时去世后，毛泽东亲笔题词悼念他。毛泽东的题词是：“任弼时同志的革命精神永垂不朽。”朱德还为他写了悼文，悼文称：“弼时同志给全体共产党员和全体爱国人民树立了一个忠心耿耿、为人民利益鞠躬尽瘁的榜样，树立了一个坚持革命原则、百折不挠的榜样，树立了一个朴素切实、密切联系群众的榜样。”

69. 王进喜
没有条件创造条件也要上

王进喜（1923年10月8日—1970年11月15日），1923年10月8日出生在甘肃省玉门县赤金堡，新中国成立后，他历任玉门石油管理局钻井队长、大庆油田1205钻井队队长、大庆油田钻井指挥部副指挥。1956年4月29日，王进喜光荣地加入中国共产党。

1960年3月，王进喜奉命从玉门油田带领1205钻井队前往大庆。他和全队职工日夜兼程，千里迢迢来到萨尔图。下火车后，他一不问吃，二不问住，找到油田生产调度室首先问："我们队的钻机到了没有？钻井的井位在哪里？这里的钻井最高纪录是多少？"

当他得知井位在马家窑附近，他立即带队步行两个多小时来到井场。当天夜里，全队33人就住在当地农村的马厩里、牛棚里，有的就在野外风餐露宿。

钻机到站后，汽车和拖拉机还没有运到。钻井设备重达60吨，无法卸车、搬运和安装。王进喜没有向上级伸手，而是要求全队职工"有条件要上，没有条件创造条件也要上！""只能上，不能等，只准干，不准拖！"他带领职工把钻机化整为零，使用撬杠和棕绳，人拉肩扛，把五六十吨重的钻机部件卸下火车。然后，又用人拉肩扛，装卸汽车，把钻机和设备从车站运到马家窑附近的萨55井（铁人第一口井，也叫萨55井，是王进喜率领1205钻井队到大庆后打的第一口油井）安装设备，竖起了井架。

初春的大庆，寒风刺骨，滴水成冰，参加会战的石油大军所遇到的困难，是史无前例的。王进喜立下了惊天动地的誓言：“宁可少活20年，拼命也要拿下大油田。”王进喜吃在井场，住在井场，饿了啃几口干粮，困了枕着钻头躺在成排的钻杆上休息一会儿。开钻时，需要用大量的水调制泥浆，但当时既没有铺设供水管线，水罐车也很少，他不等不靠，带领职工从一里外的水泡子破冰取水，用脸盆端了50多吨，保证了萨55井4月14日提前开了钻。他们只用了五昼夜零四小时，就打出了大庆油田的第一口生产井。

接着，他又带领钻井队打第二口油井。就在第二口井钻到700米时，油井出现了井喷迹象。如果不能立即封住井口，后果不堪设想。压井需要用重晶石粉调泥浆，但现场没有。情急之下，王进喜决定采用加水泥的办法提高泥浆比重压住井喷。可是水泥加进泥浆池就沉底，又没有搅拌器，王进喜就扔掉双拐，和几个工人奋不顾身地跳进泥浆池，用身体搅拌泥浆。经过全队工人两个多小时的搏斗，终于压住了井喷，保住了钻机和油井。而王进喜和两个工人的身上已被碱性很强的泥浆烧起了许多大泡。

王进喜因为用自己身体制伏井喷而家喻户晓，人称“铁人”。

1970年11月15日23时42分，王进喜因胃癌医治无效不幸病逝，年仅47岁。

2009年9月，在中央宣传部、中央组织部等11个部门联合组织的评选活动中，王进喜被评为“100位新中国成立以来感动中国人物”；2019年9月，他获得“最美奋斗者”荣誉称号。

70. 郭秀明 拼命带领全村共同富裕

郭秀明（1950年11月27日—1999年12月20日），1950年11月27日出生在铜川市印台区红土镇惠家沟村，祖籍河南淅川，1987年加入中国共产党。

1991年11月8日，郭秀明当选为村党支部书记。上任之初，惠家沟村是“沟连坡，出门就爬坡，人穷光棍多”。郭秀明向村民们承诺，要带领全村共同富裕。

如何富裕？郭秀明与其他村干部一道，讨论了惠家沟的实际情况，讨论了致富方略：栽树、建校、修路；确定了送贫穷、迎富裕的目标工程。

郭秀明上任的第三天清晨，一支由16名党员、22名团员组成的植树大军就带着水壶干粮上山了。惠家沟送贫穷、迎富裕工程由此拉开了序幕。

在郭秀明的带领下，植树挖坑大军从早干到天黑。饿了吃口干粮，渴了喝点冷水。连续奋战了一个星期后，连身体强健的小伙子都有些吃不消了，郭秀明双腿更是疼痛难忍。收工下山时，他拄着根木棍，一步一步地往山下挪。

“喊破嗓子，不如干出样子。”乡亲们看在眼里，感动在心上。最后，全村村民都跟着上了山。经过40多天连续的艰苦奋战，他们共挖了4.5万个树坑。

树坑挖好了，但买树苗的钱又成了问题。郭秀明又带头捐款，大家集资买回了树苗。

在5年的时间里，郭秀明带领惠家沟人共营造用材林1700余亩，经济林650余亩，使宜林荒山绿化率达到了100%。1996年3月，惠家沟村被国家绿化委员会命名为“全国绿化千家村”，郭秀明也被评为三北防护林建设先进个人。

郭秀明一直在思考一个问题：“我们村为啥穷？穷就穷在教育没搞好，脑筋不开化上。”因此，他在植树的同时，也抓起了育人工程。

郭秀明上任时，村办小学的几间瓦房早就破烂不堪。坍塌的顶棚用木棍支着，下雨漏雨，刮风漏风。郭秀明下决心要修建新学校。决心好下，实际运作却困难重重。首要的问题就是缺少资金。郭秀明又带头捐款。书记带了头，村民们也纷纷解囊。尽管他们都是囊中羞涩之人，但为了孩子，他们还是倾其所有。全村共集资1.3万元。一年之后，村上有史以来的第一座楼房——2层8间的教学楼终于落成了。

惠家沟村沟坡相连，小路弯曲狭窄。看着这弯曲狭窄的小路，郭秀明想到了人们常说的一句话：“要致富，修公路。”他决心将窄路拓宽，弯路修直。他带领村民从夏干到秋，硬是把阴坡路改成了阳坡路，将4米路拓宽到8米。

1999年6月，郭秀明由于过度操心劳累，患上了严重的疾病。得知郭秀明身患绝症的消息，村民们震惊了。40多位村民冒着酷暑，自发到近200公里外的西安去探望他们的好书记。面对死神，郭秀明很坦然：“人早晚都要从黑烟囱里过一下（指火化），活得再长，如果不给老百姓带来利益，那也是枉活一世。”

尽管郭秀明以顽强的毅力同时间赛跑，与病魔搏斗，但苍天无情，死神还是降临到了他的头上。1999年12月20日，郭秀明离开了他热爱的乡亲。

噩耗传来，惠家沟村的干部群众痛哭失声。1999年12月23日，惠家沟村的村民为郭秀明举行了空前规模的葬礼，全村人都来给他送行。村民们还自发地凑钱，在村头为他们的好书记立下了“功德碑”。

2001年3月26日，中共陕西省委追授郭秀明“优秀共产党员”称号。4月25日，中央组织部、中央宣传部等5部委联合作出向郭秀明同志学习的决定。

71. 黄大发 水过不去，拿命来铺

黄大发（1935年11月—），1935年11月出生在贵州省遵义市播州区平正仡佬族乡，1959年11月加入中国共产党。他先后担任播州区平正仡佬族乡草王坝大队大队长、村长、村支部书记，现任贵州遵义播州区平正仡佬族乡团结村名誉村支书。

草王坝曾经缺水非常严重，村里人需要到往返两个多小时的水源地挑水吃。“山高石头多，出门就爬坡，一年四季苞谷沙，过年才有米汤喝……”这首流传已久的民谣，是草王坝的真实写照。与草王坝缺水的困境相比，7公里外野彪村的马家河却水量丰沛。

1958年，时年23岁的黄大发被村民推选为草王坝大队大队长。他一上任就承诺，要修一条水渠，把马家河的水引到草王坝，解决全村的饮水和灌溉问题。

说干就干。没有修渠技术，靠着竖起几根竹竿用眼睛瞄来测量；没有水泥，沟壁直接糊上黄泥巴当水泥；没有起重设备，就在腰间拴根草绳下到岩壁上用锤子凿。但由于资金、技术等方面的原因，修渠工程只打通了116米长的隧道，水渠只能废弃。水渠废弃了，但黄大发并没有放弃，他心中只有一个执念：我是村支书，解决村里人畜饮水问题，改变贫困面貌是我的责任。1989年，54岁的黄大发向组织申请到枫香水利站跟班学习水利知识和开凿技术。

1992年底，修渠工程重新启动。启动容易，干起来难。但不管怎样难，黄大发都身先士卒。当工程修建到最为险要的擦耳岩时，面对三四百米高的悬崖峭壁，很多人都望而却步，这时，年近六十的黄大发却把麻绳系在自己身上吊下悬崖测量。他对在场的人说：“要摔就摔死我一个，不要让大家都去受这方面的危险。”

每天，200多人的修渠队伍跟着黄大发扎进深山修渠。黄大发鞋磨破了，没钱买新的，他就赤脚步行二十多公里去背炸药。他起早贪黑，四处奔波，根本顾不上家。他的二女儿和孙子生病相继去世，他都没能赶上见最后一面。

说干就干，这一干就干了36年。36年来，黄大发带领群众在悬崖峭壁上成功开凿了一条引水渠道。这座引水渠道跨越3座大山、大小9个悬崖，主渠长7200米、支渠长2200米，黄大发率领乡亲们，硬是靠着风钻和钢钎、铁锤这些简单的工具，凿出了引水渠，解决了当地的缺水问题。缺水问题解决之后，他又带领群众修村路、架电线、建学校，改变了当地贫穷落后的面貌。

2017年9月，黄大发获得“2017年全国脱贫攻坚奖奋进奖”；2018年3月1日，黄大发被评为感动中国2017年度人物，组委会给他的颁奖词是：“水过不去，拿命来铺，这是一个老党员为人民许下的誓言，大发渠，云中穿，大伙吃上了白米饭。三十六年，为梦想跋涉，僵直了手指，沧桑了面孔，但初心不变。”

2021年6月29日，中共中央授予黄大发“七一勋章”。

72. 刘让贤 为高原教育奉献一生

刘让贤（1941年6月—），1941年6月出生在天津，1956年，15岁的刘让贤随家人来到青海。1985年10月，他加入了中国共产党。

1977年，刘让贤被调到离家15公里的东山乡什巴小学担任校长。东山乡，是个非常偏僻的山乡。100多个山头，300多条沟。什巴小学所在的寺尔村，海拔更是在2700米以上。这里不通汽车，而且不仅没电，还缺水。出门就下沟，抬脚就上山，连块打麦场大小的平地都没有。

刘让贤来到寺尔村时，老村长领着他来到山顶上一处破败的院落前，指着只有几排土台子的教室，歉疚又十分恳切地说："这就是什巴小学。山上苦，将就些吧。今后全靠你啦！"

第二天，刘让贤从家里把行李背了来，并拎来了干粮袋，在学校住了下来，而且这一住就是20多年。仅每周下山一次，回家看看。

寺尔村崎岖的山路非常难行，而刘让贤办学的道路更是艰难。因为贫穷，许多人家不愿送孩子上学，因此，这里的小学入学率不到50%。刘让贤决心改变这种状况。于是，每天下午放学后，刘让贤就着茶水吃完干馍，就拿着手电筒，翻过这道山、越过那道梁地去找各村干部了解情况，挨家挨户地动员土族群众送孩子上学。每当夜幕降临时，人们总会看到一束荧荧的手电光从一个山梁闪到另一个山梁，那就是刘让贤。

刘让贤用行动感动了土乡人，“教育”二字在土乡人的心里也渐渐有了分量。在村委会的组织下，乡亲们有钱的出钱，有力的出力，在山腰上削出块平地，盖起了一所新的学校。而学校附近9个自然村的入学率也年年上升，很快达到了100%。

为了开阔孩子们的眼界，把孩子们培养成才，刘让贤想给他们买点课外书，但学校拿不出一分钱。于是，他利用去县里开会的机会，将人们丢弃在会议室或街头的烟盒、糖纸、废报纸捡起来，仔细捋平整，带回山上。通过这些捡来的纸片，孩子们认识了外面的世界。他还从自己每月仅有的57元工资中，一点点地积攒了150元，下山买回了一些图书和简单的文体器材。在什巴小学建了一间少先队活动室。

1983年，《土族红领巾》这全省第一家少先队油印队报在什巴小学问世。通过这张报纸，山里的孩子们认识了历史名人，学到了各种各样的知识，聆听到了改革开放的脚步声；通过这张报纸，昔日连句子都写不通顺的土族少年，纷纷在这张报纸上磨亮了自己的笔尖。

刘让贤到寺尔村的头十几年，村外的沙塘川河上没有桥，刘让贤每次上山，都要扛着自行车蹚水过河。冬季里，五更天蹚一次冰河，简直是受一次刑，以至于每一次走到河边，他的两条腿就条件反射地哆嗦。就这样，他蹚了十几个冬天，等到河上有了桥，他的风湿病也落下了，走起路来，右腿有些僵直。在一次山雨中，他连人带车翻进沟里，干粮滚落了一地，左肩上又落下痼疾，至今没有痊愈。但是，不管遇到什么天气，就是雨里滚雪里爬，他也要在周一早上第一节课以前赶到学校。20多年来，他从没误过一节课。

通往寺尔村学校的山路，刘让贤走了25年，共计7万多公里，骑坏了5辆自行车。在他的不懈努力下，这个当年的穷山沟走出了50多名大学生。

1998年，刘让贤获全国五一劳动奖章，被评为全国十大师德标兵。

73. 吴登云
为民爱民的“白衣圣人”

吴登云（1940年4月—），1940年4月出生在江苏省高邮市郭集镇柳坝村，1963年毕业于扬州医学专科学校。毕业时，他怀着立志扎根边疆的一腔热血，从“小桥流水”的江苏扬州，来到了“万山之祖”的帕米尔高原的乌恰县。

乌恰县地处祖国版图的最西端，是我国最晚送走太阳的地方。全境海拔在1700～6146米，属高寒山区，风大氧少，紫外线强，自然环境十分恶劣。

吴登云至今还清晰地记得他来到乌恰县医院的情形：一辆满载旅客的敞篷大卡车在路上颠簸了7天之后，停在了路边。满面尘土的他背着行李，边走边打听乌恰县人民医院。在12间简陋的土房子前，他停住了脚步。他简直不敢相信自己的眼睛，难道这就是县人民医院？

当晚，他被安排住在一间土房子里，屋里只有一只炉子，连放木箱的地方都找不到。

当时，乌恰县医院连他在内只有3名医生。而且，设备简陋，连基本的医疗条件都不具备。医院不分科，来什么病人都要看。

就是在这种条件下，吴登云开始了他的高原医生工作。他曾先后无偿献血30余次，总计7000多毫升，超过了一个成年人全身血液的总量！他曾割取自己腿上的13块邮票大小的皮肤，来抢救烧伤的婴儿。

乌恰县山高路险，地广人稀，牧民缺医少药。为了使全县牧民的病痛都能得到有效的救治，吴登云从60年代初到80年代末，每年都要花上三四个月的时间到牧区巡诊和防疫。

他骑着马，背着药箱，翻山越岭，风餐露宿。有时为了一个病人，往往要走几天的山路。他曾遭遇过雪崩，遭遇过洪水的险情，但他从不畏惧退缩。

一次，他在山区巡诊，由于极度疲惫，竟不知不觉地在马背上睡着了。结果，他被摔下山沟，摔得浑身是伤，连眼睛都摔青了。

多年来，吴登云的足迹踏遍了乌恰县9个乡的30多个自然村，成了农牧民心中的“白衣圣人”。他给牧民的帐篷带去了生命的阳光，给牧民的家庭带去了生命的欢笑。

除了巡诊，吴登云在平时，更是只要有病人求医，无论多远，都是随叫随到，而且不怕危险困难。

吴登云从1963年踏上乌恰这块艰苦的土地起，就以孺子牛般的赤诚，一直为这里的柯、维、汉等各族人民服务。

1980年，扬州医学院附属医院烧伤科急需人才，家乡的同窗为他联系好了调动事宜，说是“一路绿灯”。吴登云把手续揣在怀里好几天，怎么也没有勇气掏出来。

1984年金秋，吴登云走上了乌恰县医院院长的岗位。1986年10月，江苏高邮县政府给吴登云寄来一封沉甸甸的信，热情洋溢地说家乡求贤若渴，希望他能回去工作，同时还附了一份调动表。这次，吴登云虽然动了心，但最终还是选择了留下。因为乌恰县缺医少药的状况还没有改变，崇山峻岭里的老乡还呼唤着他，他怎么能走呢？

2001年，吴登云从医院的领导岗位上退休，只担任县政协副主席的职务。但他退而不休，仍然牵挂着医院的建设和发展。每星期，他在政协上3天班，在医院值3天专家门诊。

2009年，在中央宣传部、中央组织部等11个部门联合组织的评选活动中，吴登云当选为“100位新中国成立以来感动中国人物”。2011年，吴登云被评为“新中国成立以来百位先进人物”。2019年9月，吴登云获“最美奋斗者”荣誉称号。

74. 汪洋湖
一切为实，不奢虚华

汪洋湖（1943年4月22日—2013年7月13日），1943年4月22日出生在吉林省永吉县，先后担任乡、市、省的领导。他不管在哪里工作，都像一颗种子，走到哪里，就能在哪里生根发芽；就像是一团火，放到哪里，就能把哪里的工作烧得满堂红。

有人曾问他有啥“绝招”？他毫无保留地一口道出：“绝招没有，死理有一条：当共产党的干部，一不能偷懒，二不能糊弄，三不能滑坡。”

1993年，汪洋湖调到了水利厅。他先是分管农田水利、水保，后又分管水产工作。当时，吉林的水产养殖还不发达，产量不高，品种单一。汪洋湖以此为突破口，带领水产处的同志到梨树县小宽乡挨家挨户进行调查研究，发表了《关于梨树县小宽乡稻田养鱼工作的调查报告》，并从实际出发，提出了“大力开发大中型水面，积极调整池塘养鱼的品种和生产方式，因地制宜发展稻田养鱼和名特优水产品”这一新的工作思路。他的调查报告和新的工作思路在全省引起共鸣，稻田养鱼很快在全省遍地开花。

水产品养殖方式推广以后，还得把水产品品种的多样化搞上去，特别是名特优品种的试养开发。汪洋湖在这方面做了许多填补吉林空白的工作：组织力量与辽宁盘山合建一处河蟹繁殖场，再把蟹苗运回吉林试养，一举成功；他亲自带人去内蒙古考察大银鱼养殖，回来后引进开发。

汪洋湖对党无比忠诚老实，严格执行党的工作纪律，工作中，他“一切为实，不奢虚华”。

1998年，水利厅向水利部上报农田水利建设的综合工程量，负责这项工作的同志，看到有的省上报的数字比较高，就相应地提出了一个数字。汪洋湖拿到数字一看，凭经验就知道这里面有水分。他立刻把这位同志找了来，让他重新认真、仔细核对。他严肃地说：“一定要实事求是，把水拧干。是多少就报多少，我们不搞攀比。”

这位同志说：“报多少也没人考察，也没法考察。”

汪洋湖听了这话，很生气，他厉声说道：“考不考察，能不能考察是一回事，我讲的是实事求是。不然，我们就是助长了说假话的不正之风。”

最后，吉林省水利厅按实际数字上报了工程量。

“干净、干事、出活”，是汪洋湖一生所奉行的。他经受住了时间的考验，经受住了党的考验，更是赢得了广大老百姓的敬重和爱戴，所到之处有口皆碑。

2013年7月13日10时25分，汪洋湖同志因病医治无效在吉林长春逝世，享年71岁。

75. 南仁东
为中国“天眼”燃尽生命

南仁东（1945年2月—2017年9月15日），中国天文学家，“中国天眼”的主要发起者和奠基人，“人民科学家”国家荣誉称号获得者。

1945年2月，南仁东出生在吉林辽源龙山区。1963年，他摘得“吉林省理科状元”，考入清华大学无线电系。1977年国家恢复高考招生。年过而立之年的南仁东跨专业考上中国科学院天文学研究生。毕业后，南仁东被派去荷兰做访问学者，后被日本国立天文台聘为客座教授，享受世界级别的科研条件和薪水。

1990年，他放弃了国外优厚的条件选择回国，就任中国科学院北京天文台副台长。那时，他在国外一天的收入，就抵得上在国内一年的工资。很多人笑他傻，他却淡淡地说道：“在我眼中，知识没有国界，国家要有知识！”

1994年，国家重大科技基础设施建设项目——“中国天眼”500米口径球面射电望远镜（简称FAST）上马，南仁东作为项目首席科学家、总工程师，从FAST选址、预研究、立项，到可行性研究及初步设计，每个环节都凝聚着他的心血。

南仁东对工作的要求非常严谨，容不得出现一点瑕疵。一次，FAST测试小组副组长李辉向他汇报馈源力学仿真实验方案。一上来，南仁东就先问了三个问题：多大尺度？在哪进行？阻尼多少？结果李辉一个都没答上来。南仁东当即对他进行了严厉的批评。

南仁东曾经说过：“美丽的宇宙太空，以它的神秘和绚丽，召唤我们踏过平庸，进入到无垠的广袤。”2016年9月25日，500米口径球面射电望远镜（FAST）工程在贵州省平塘县的喀斯特洼坑中落成启用，并开始接收来自宇宙深处的电磁波。

南仁东历经20多年呕心沥血的付出，他心里的天文学梦，中国建设国际一流的天文望远镜梦，终于梦想成真。

“别人都有自己的大设备，我们没有，我挺想试一试。”就是为了这句话，年近半百的南仁东，开始了漫长的FAST工程选址工作，他拄着竹竿，喝浑水、吃冷干粮，冒着生命危险，在391个备选洼地里，终于选到了最适合FAST建设的台址。

2017年9月15日，南仁东因病逝世，享年72岁。

南仁东被评为感动中国2017年度人物，组委会献给他的颁奖词是：“一个人的梦想能有多大？大到可以直抵苍穹。一个人的梦想能有多久？久到能够穿越一生。23年，8000多个日日夜夜，500米口径球面射电望远镜首席科学家、总工程师南仁东心无旁骛，为崇山峻岭间的‘中国天眼’燃尽生命，在世界天文史上镌刻下新的高度。”

2018年10月15日，中科院国家天文台宣布，将一颗国际永久编号的小行星正式命名为“南仁东星”。

2019年9月17日，国家主席习近平签署主席令，授予南仁东“人民科学家”国家荣誉称号。2019年9月，南仁东获得“最美奋斗者”荣誉称号。

76. 张桂梅

不惧碾作尘，无意苦争春

张桂梅（1957年6月—），1957年6月出生在黑龙江省牡丹江市，1998年4月加入中国共产党，是云南丽江华坪女子高中的党支部书记、校长，义务兼任华坪县儿童福利院院长。

熟悉张桂梅的人都知道，她一没家庭，二没财产，还身患多种疾病。但是，她就是凭着共产党人的责任担当，奉献精神，排除万难，十几年间，让2000多名贫困家庭的女孩子走出大山，走进大学。

张桂梅原本在大理市喜洲一中工作，有一个幸福的小家庭。1995年2月她的爱人因病去世，家庭的变故让张桂梅的精神几近崩溃。为了摆脱见物思人的痛苦，她离开了大理，来到了丽江市华坪县。

华坪是个山区县，全县平均海拔1160米，最高海拔3198米。张桂梅来到华坪时，华坪县的百姓还很是贫困。看到山区贫困孩子一张张渴望知识的纯真面庞，爱的本能让张桂梅在这个贫困的山区扎下了根。

在华坪，她目睹了许多贫困家庭的女孩子初中毕业后或辍学打工或过几年就嫁人的情况。于是，她决定筹建一所免费女子高中。听了她的想法，许多人认为她是异想天开：免费？到哪里找钱免费！

2007年，张桂梅光荣地当选为党的十七大代表。在北京开会期间，有位记者采访了她。随着《我有一个梦想》这篇文章的发表，张桂梅免费女子高中的梦传播开去。随后，丽江市和华坪县各拿出一百万，帮助张桂梅办学校。

2008年9月1日，全国第一家全免费的丽江华坪女子高中开学了。“全免费”写出来容易，做起来不容易。虽然有各级党委政府的支持和社会各界的捐助，但资金缺口依然不小。张桂梅不得不去募捐。在募捐中，她时常遭遇到一些不解，甚至有人放狗出来追咬她。小脑萎缩的她本来就不能很好地保持平衡，自然跑不过恶狗。一番撕咬后，看着被狗撕破的裤腿和流血的脚，想着自己被人误解的苦楚，她坐在地上放声大哭。还有一次，她在人群中募捐，被人误认为是骗子，被人在大庭广众之下把口水吐到脸上。

女高学生在校三年，除了生活费，其他如学费、服装费、床铺费、书本费、资料费、水电费全免。这给每个贫困家庭中的女孩，带来了减免数万元费用的支持。

华坪女子高中建校10多年来，已有近2000名大山里的女孩从这里走进大学完成学业，在各行各业作贡献。

2020年12月3日，中共中央授予张桂梅同志“全国优秀共产党员”称号。2020年12月10日，中央宣传部授予张桂梅时代楷模称号。2021年2月17日，张桂梅被评为感动中国2020年度人物，组委会给予她的颁奖词是：“烂漫的山花中，我们发现你。自然击你以风雪，你报之以歌唱。命运置你于危崖，你馈人间以芬芳。不惧碾作尘，无意苦争春，以怒放的生命，向世界表达倔强。你是崖畔的桂，雪中的梅。”

2021年6月29日在中国共产党诞生100周年之际，张桂梅获得了中共中央授予的“七一勋章”。

77. 宋鱼水
没有办过一件人情案

宋鱼水（1966年3月—），1966年3月出生在山东蓬莱，1989年8月参加工作，1988年10月加入中国共产党。现任二十届中央候补委员，北京知识产权法院党组成员、副院长兼政治部主任。

宋鱼水曾获全国优秀共产党员、中国十大女杰、全国“三八”红旗手、全国劳动模范和先进工作者、全国模范法官、全国十大杰出青年法官、全国十大法治人物等荣誉称号。

宋鱼水为什么能成为新时代法官的杰出代表，能成为人民信任的好法官？一个重要的原因，就是她严守党的工作纪律，明白自身的岗位职责，并尽职尽责地把它履行好。

宋鱼水进入法院30多年来，没有一件案子因裁判不公被投诉被举报；没有收过当事人一件礼品；没有办过一件人情案；也没有利用庭长职务，向审判人员施加过任何不公正的压力。

宋鱼水的老家在山东。有一次，老家的一位亲戚来北京，为当地一家企业的官司说情：“你关照关照吧，我回去才好做人。”

宋鱼水当时很是为难，但她最终还是笑着对亲戚说：“我要是让你好‘做人’，我自己就不好‘做人’了。”亲戚领会到她的意思，表示了理解。

宋鱼水为什么能做到履行职责，公正执法，不办人情案？“法律的力量在于公正，法官的分量也在于公正。”“你办了人情案，让他受到不公正判决，会动摇他对整个法律、整个社会的信心，并将在其心中留下深深的伤痕。”这是她的回答。

宋鱼水给自己“约法三章”：不轻视小额案件，因为涉及百姓生活；公平对待当事人，不管是外地人还是本地人，是穷人还是富翁；以宽容的态度对待当事人，充分尊重当事人的尊严和利益。

她被当事人誉为“辨法析理、胜败皆服”的好法官。宋鱼水说，只要办事公正，什么问题都好解决。对于蛮横不讲理的，她总是坚持原则，毫不退让。

宋鱼水当选党的十七大代表时，曾在2007年8月14日上午做客新华网。有一位网友线上问她：“法官，秉公执法，伸张正义，难道不是天经地义的吗？你说呢？你觉得自己的先进性在哪呢？”

宋鱼水回答说：“公正审判就是我的职责，如何做好它正体现出党的先进性。每一个法官，每一个企业的党员都在各自的岗位上做得让人民满意，党的先进性就体现出来了……我认为先进性一定是具体的，可看得见的……我们庭有一句话：小法官，大社会。案件虽小，做得也是爱岗敬业的事情。用大社会的情怀、用一个体系的情怀来重视我的工作，同时使我的工作符合大的体系的环境，我认为先进性体现在这里。”①

北京市海淀区法院一位副院长这样评价宋鱼水：“宋鱼水以公正的审判实践回答了‘什么是司法为民，如何为构建和谐社会服务，怎样让人民满意’。”

① 《女法官宋鱼水：让更多法官得到人民的信任》，新华网，2007年8月16日。

2018年12月18日，中央政法委长安剑揭晓“改革开放40周年政法系统新闻影响力人物”，宋鱼水入选。

2019年9月，宋鱼水获“最美奋斗者”个人荣誉称号。

2022年6月，宋鱼水当选党的二十大代表。

78. 王文珍 身边的"提灯女神"

王文珍（1962年12月—），1962年12月出生在天津。1981年6月，王文珍护校毕业后被分配到海军总医院消化内科当护士。

刚到消化内科不久，一位病重不能自理的住院老人没有家属陪床，王文珍便主动承担起陪床的任务。她每隔两三个小时就为老人翻一次身、换洗尿布、擦拭身子。老人身体很重，每翻一次身，王文珍都累得浑身是汗。

"你一个大姑娘家，让你做这些我太过意不去了！"老人内疚地说。

"大爷，这是我应该做的。"在王文珍无微不至的照顾下，老人直至病愈出院也没有因长期卧床得过褥疮。

王文珍入伍33年来，一直奋战在一线临床护理岗位。这30年来，她养成了早上班、晚下班的习惯，她轮休时也会到科里看看，为有事的护士顶班，给加班的同志送一份热饭。她当了16年护士长，16个春节都是在急诊室值班，而把跟家人团聚的机会让给年轻的护士。

"早上班、晚下班""当了16年护士长，16个春节都在急诊室值班"，王文珍的确很"特殊"。而正是这种"特殊"，印证了王文珍同志的共产党员先进性身份。

1986年，医院成立急诊科。人们都知道，急诊科护理任务繁重而且危险性高，但王文珍义无反顾地来到了急诊科，而且一干就是22年。

急诊科曾经收治过一位身患艾滋病的20多岁小伙子。当这个小伙子知道自己得了艾滋病之后，他非常绝望，最后选择跳楼自杀。当人们把他送到医院时，他已经是生命垂危了，呼吸道存有大量的分泌物。

王文珍在为这位艾滋病患者吸痰时，被患者的呕吐物喷了一脸。但抢救必须争分夺秒，她来不及抹去脸上的呕吐物，继续为病人吸痰。经过紧急处置，病人终于恢复了意识。

当时，一些医护人员对这位有艾滋病史的患者心存恐惧，王文珍就主动承担其护理工作。

在急诊观察室的20多天里，她像对待自己的亲弟弟一样，为病人洗头洗脸、剪指甲、刮胡子，及时帮他换洗衣服，逢休息时还陪他聊天。

病人因跳楼截瘫后，排便功能出现障碍。为减轻他的痛苦，王文珍就戴上手套为他掏大便。

病人出院时泣不成声地对王文珍说："自从我得了艾滋病，连许多亲友都有意疏远我，而您却一直照顾我，我真想叫您一声姐姐！"

面对有可能被感染的关键时刻，王文珍同志没有躲避，没有退缩，而是勇敢地冲在前面，勇担重任。

在2003年抗击"非典"这场没有硝烟的战斗中，海军总医院是北京地区最早收治"非典"患者的医疗单位之一，急诊科作为主战场，王文珍第一个请战："不管这种病有多大的传染性，只要病人来了，我先上！"

一天，医院收治了一位重症"非典"女患者。这位患者被隔离之后情绪十分低落，不配合治疗，甚至有轻生的念头。

王文珍主动去耐心说服病人。不管病人怎样发脾气，她都不离不弃，每天给病人喂水、喂饭、倒大小便，和她拉家常，鼓励她增强战胜病魔的决心。

2008年她被评为“全国三八红旗手”；2009年她荣获第42届国际南丁格尔奖，荣立二等功、三等功各1次。2011年9月20日，在第三届全国道德模范评选中，她荣获全国助人为乐模范称号。

从事护理工作30多年来，王文珍始终用亲情温暖病人，真情服务病人，热情帮助病人，被群众誉为“身边的‘提灯女神’”。

79. 吴天祥
党的干部，就要为民解难

吴天祥（1944年7月—），1944年7月出生在湖北钟祥郢中，1962年他应征入伍，1964年他加入了中国共产党。1969年他退伍回到地方工作。

1990年11月，46岁的吴天祥被任命为武汉市武昌区信访办副主任。听说吴天祥要到信访办走马上任，亲朋好友就像事先商量好了一样，齐声反对。

吴天祥不顾亲朋好友的反对，毅然走上了信访工作的领导岗位。因为他有着自己的认识：民之难就是党之忧，作为党的干部，就是要为党分忧，为民解难。因此，百姓鸡毛蒜皮的事虽小，也是大事；哭天抹泪的事虽烦，也要有人去解决；扯皮打架的事虽难，也要有人去管。他决心用自己的满腔热情，去解决群众的困难，去履行一个党员干部的神圣职责。

1993年春，武昌区解放路252号的一家企业宿舍区的一居民院，通向公厕化粪池和下水道的管道堵塞了。粪水漫出地面溢满了院子，居民们只好搭跳板出入。

居民多次向企业反映，但管道堵塞了一个多月，问题也没有解决。居民们听说吴天祥总是为群众排忧解难，便试着找到区信访办。

按说企业自管房不属于区政府负责范围，吴天祥完全可以推托。

但吴天祥没有这样做。他迅速赶到现场走访察看，随即又请来消防队帮忙疏通。

他率先蹚过粪水，掀开窨井。一看，下水道口被泥堵死了，高压水枪根本插不进去。怎么办？

面对蛆虫蠕动、恶臭熏天的窨井，吴天祥没有犹豫，他纵身跳进齐胸深的窨井中。他先是用脚踹，不行；他接过高压水枪往里喷，但距离远，使不上劲；他索性屏住呼吸，猫下腰，摸索着将高压水枪往管道口里捅。

消防高压水枪启动了，瞬间喷出的粪水"哗"地溅了吴天祥一身一脸，几股迎面而来的粪水使他连呛了几口，恶心得他呕吐不止……

管道终于通了。居民们感动得热泪盈眶。

信访办是一个各种矛盾反映比较集中的地方。吴天祥所在的群众来访接待室，首当其冲成了群众发泄怨气的部门。

有的上访者一到接待室就怒气冲冲，高声喊叫，话说不到两句，就拍桌子、摔茶杯；甚至有人还揪着吴天祥的衣领，让他马上解决问题。

面对这些心存怒气的群众，吴天祥总是以理解与温和的态度，听着、问着、记着，或当场协调督办，或耐心劝慰解释。他的热心、耐心、责任心，让一批又一批的上访群众受到了感动。

1995年7月的一天，"老上访"胡焕召又一次走进信访办。当他进门时，正赶上一位上访者又是拍桌子，又是摔茶杯，口里还骂骂咧咧。胡焕召看不下去了，几次想冲过去，吴天祥都示意他坐下。

那位上访者骂够了，终于走了。胡焕召气不过，对吴天祥说："老吴！你真熊！你一个区政府的主任，怎么就白白让人给骂了？"

吴天祥笑笑，说：“群众有困难，我们一时又解决不了，骂我可以理解。”

2009年9月，在中央宣传部、中央组织部等11个部门联合组织的评选活动中吴天祥被评为“100位新中国成立以来感动中国人物”。

2019年9月，吴天祥被授予“最美奋斗者”荣誉称号。

80. 何文勋 坚守秘密40年

何文勋（1929年—），1929年出生在贵州盘县（今盘州市），1948年他参加了地下党领导的游击队，在贵州解放初期的剿匪战斗中荣立过战功。1984年何文勋加入中国共产党。

1973年1月，《人民日报》刊文传达了党中央、毛泽东主席“深挖洞、广积粮、不称霸”的指示，全国各地由此广泛开展了建设防空设施的活动。

1975年的一天，册亨县人武部时任部长、政委找到了在县基建办负责民兵和武装工作的何文勋，交给他一项重要的任务——修建一座防空洞，作为全县的防空指挥部。

人武部领导要求，因涉及军事机密，不管是设计，还是施工，全部都由何文勋负责，不能用图纸，也不能向任何人透露施工的情况。

何文勋接受任务后，考虑到防空指挥部属于保密工程，在挑选施工工人时，何文勋非常谨慎，瞒着家人出了一趟“长差”，专门赶到100多公里外的兴义，用半个月时间精挑细选带回25个审查合格的工人进入了施工现场。经过4个月的奋战，“防空指挥部”修好了。

工程完工交接后，县人防办安排了一名同志负责管理、维护。1976年初，该同志调动工作，人武部和人防办领导考虑何文勋的家就在防空洞附近，他又是防空洞建设的负责人，便安排他接替管护防空洞，并且反复叮嘱：“这项工程是党的秘密，你要用生命来守护……”“保证完成任务！”何文勋一诺千金，于是，他经常在工作之余进入防空洞，洒扫除草，让防空洞始终面貌如新。

1989年，何文勋从册亨县审计局退休后，因为没有接到党组织新的指示，何文勋依然看护着防空洞，这一守便是40年。

40年间，世事变换、人事更迭，防空洞的相关档案、资料相继散失，相关部门早已无人知晓还有这么一个工程存在。“防空指挥部”实际上成了何文勋一个人的秘密。

40年间，日渐老去的何文勋拒绝了儿女接他去住新房、享清福的请求，始终住在附近的简陋老屋里，只为看守“防空指挥部”。

何文勋说，他之所以这么执着，是因为“这是党交给我的任务”。

2015年春，已经86岁的何文勋感觉到自己的健康状况在不断下降，心中暗自焦急，落实守护防空指挥部的“接班人”计划开始提上日程。3月18日，何文勋吃过早餐后，在衣柜里找了一件崭新的白衬衣穿上，并揣上两个辅证自己身份的材料——1989年被评为优秀共产党员的证书和1985年度全省审计系统先进工作者的荣誉证书，然后拄着拐杖下楼，慢慢向册亨县人武部走去。见到人武部领导，他严肃地报告：“我可以负责任地向组织汇报，当年交给我的任务我已按要求完成，40年来，这个防空指挥部完好无损，这个秘密我也没有告诉过任何人。”

终于，在40年后，何文勋完成了任务交接。一位普通的老党员用40年的时光诠释了什么是严格执行党的纪律。对上级交代的任务坚决执行，毫不迟疑。

81. 杨善洲 为家乡百姓造一片绿

杨善洲（1927年1月—2010年10月10日），1927年1月出生在云南保山施甸县姚关镇大柳水村，1952年11月加入中国共产党。

1988年3月，61岁的杨善洲从云南保山地委书记的岗位上退休了。出于对他几十年无私奉献、服务人民，并取得卓著成绩的褒奖和关心，时任省委书记的普朝柱代表省委找他谈话，让他搬到昆明居住，并说还可以到省人大常委会工作一段时间。

杨善洲婉言谢绝了组织上的关心。他对普朝柱说："我要回家乡施甸种树，为家乡百姓造一片绿。"

为什么要回施甸种树？杨善洲这样解释："担任地委领导期间，有乡亲不止一次找上门，让我为家乡办点事情。我是保山地区的书记，哪能光想着自己的家乡，但毕竟心里过意不去呀，是家乡养育了我。于是我就向他们承诺，等退休后，一定帮家乡办点实事。"

于是，61岁的杨善洲，走进了施甸县的大亮山，开始了他的种树生涯。他一头扎进家乡的大亮山，住茅棚，修山路，在荒山上义务造林。

20多年来，他带领群众植树造林，建成了面积达5.6万亩、价值3亿元的林场。他还带领群众靠着上大街捡果核，种下了50多亩果园。2009年4月，他把大亮山林场经营管理权和50多亩果园无偿移交给国家。

2010年11月，为更好地弘扬杨善洲全心全意为人民服务的精神，缅怀杨善洲的感人事迹，施甸县将大亮山林场更名为“善洲林场”。

“杨善洲，杨善洲，老牛拉车不回头，当官一场手空空，退休又钻山沟沟；二十多年绿荒山，拼了老命建林场，创造资产几个亿，分文不取乐悠悠……”流传于保山市施甸县的这首民谣是杨善洲的真实写照。

杨善洲一生艰苦朴素，地委的一位干部回忆说：“在地委大院，我经常看到老书记头戴粗呢帽、穿着中山装、脚套黄胶鞋，根本就不像个‘大官’。尤其是下雨天，头戴竹叶帽、身披蓑衣的老书记更像一个普通的农民。”“他没有官架子，轻车简从，经常一个人下乡，顶多带上个秘书。他常常头戴竹叶帽、身披蓑衣、脚穿黄胶鞋，到乡里村里，好多人都不知道他是地委书记，他看到老百姓在搞农业生产，会亲自上前指导。”

2010年10月10日，杨善洲因病逝世，享年83岁。

2012年2月3日，杨善洲被评为感动中国2011年度人物。

“绿了荒山，白了头发，他志在造福百姓；老骥伏枥，意气风发，他心向未来。清廉，自上任时起；奉献，直到最后一天。六十年里的一切作为，就是为了不辜负人民的期望。”这是感动中国评选委员会给他的颁奖词。

2018年12月18日，党中央、国务院授予杨善洲同志改革先锋称号，颁授改革先锋奖章，称他为不忘初心、奉献一生的退休干部楷模。

82. 陈德华 甘孜“雪山铁人”

陈德华（1958年2月—），1958年2月出生在四川德格。1983年参加工作，1988年，他担任了雀儿山五道班第十六任班长，后来又担任四川省甘孜藏族自治州公路管理局石渠分局副局长。他在“生命禁区”里扎根20多年，被工友和过路的司乘人员称为“雪山铁人”。

雀儿山，在甘孜藏族自治州德格县境内，主峰海拔6168米，含氧量不到平原地区的一半，年平均气温零下18摄氏度，最低气温可达零下40摄氏度，每年冰冻期长达八九个月，6级以上的山风每年要刮5个月左右。

养路工们说：“雀儿山，大险关，风吹石头跑，四季不长草，一步三喘气，夏天穿棉袄。”

就是在这样险恶的环境中，陈德华一干就是20年。每天，他带领全班人在平均海拔5000米的公路上，早出晚归，艰苦工作，日复一日铺路清障。

陈德华在日记里写过这样一句话：“应该把自己像钉子一样铆在人们最需要的岗位上。”他践行了这一诺言。

“每到冬天，雀儿山上白茫茫一片，道路被冰封雪锁，驾驶员们要过‘生死线’、闯‘鬼门关’。陈德华把保证车辆安全通行看作

最神圣的职责，把个人安危抛在脑后，一旦出现险情，总是冲在最前面。他说：‘自己付出越多，群众离危险就越远。’

“1995年，一场大雪覆盖了雀儿山，陈德华照例一大早起来推雪开路。然而，雪雾越来越浓，两米开外就是一片耀眼的白光，车开过来看不清路，随时都有倾覆的危险。陈德华纵身跳下推雪车，取过方耙，倒过来当拐杖，从容地走到第一辆汽车前，以自己的身躯当路标，喊声‘跟过来’，便引导着汽车前进。

“雀儿山白雪皑皑，分不清天和地，看不清路和崖，陈德华每前进一步都十分危险。他头顶呼啸的寒风，脚踩齐膝深的冰雪，心无旁骛地向前走。雪片不断钻进脖子，他冷得浑身打战，却没有退却。短短10公里路程，陈德华走了近4个小时。工友们多次要来替换他，他都坚决不同意。他说：‘我是老班长，我最熟。我过不去的地方，你们更过不去！’铁打的汉子，冲在战斗的一线。等把汽车引导到山下安全路段时，陈德华的嘴唇和脸颊都冻成了深紫色，整个人几乎晕厥过去。”①

这是《中国交通报》记者杨红岩在题为《在“生命禁区”驻守20年，甘孜“雪山铁人”养路工——陈德华》一文中所描述的一段故事。这段故事是陈德华20年在雀儿山恪尽职守、勇挑重担的一个片段缩影。

“自己付出越多，群众离危险就越远。”“我是老班长，我最熟。我过不去的地方，你们更过不去！”话不多，也很直白，但一个为人民群众勇挑重担、无惧风险的“雪山铁人”形象跃然纸上。

① 杨红岩：《在“生命禁区”驻守20年，甘孜“雪山铁人”养路工——陈德华》，《中国交通报》，2019年7月8日。

陈德华在“生命禁区”驻守20年的先进事迹，得到了党和人民的肯定。他先后被评为“全国优秀共产党员”“全国劳动模范”“全国交通战线劳动模范”“四川省第五届十大杰出青年”“全国交通系统十佳养路工”等。

83. 黄大年
这是为国家做大事

黄大年（1958年8月28日—2017年1月8日），1958年8月28日，黄大年出生在广西壮族自治区南宁市一个知识分子家庭。1977年，黄大年考入长春地质学院应用地球物理系。1996年，他以排名第一的成绩获得英国利兹大学地球物理学博士学位。1988年，黄大年加入中国共产党。

2009年12月，黄大年毅然放弃国外优渥的生活、工作条件回到祖国，出任吉林大学地球探测科学与技术学院教授、博士生导师。

他的同事回忆说，黄大年总穿着一件磨得有些发白的夹克。2010年他刚回来时，每当在办公室加班到深夜，他就披着这件夹克靠在自己的座椅上睡一会儿。

吉林大学科技部的一位负责人有一件印象深刻的事："当时我们一个地球深部探测项目，想在'十二五'时期取得突破，缺一个领军人物。正在着急，有人推荐了刚回国不久的黄大年。我去长春找了他，第二次见才敢开口求他。因为这个上亿元的项目黄大年分不到一分钱……"没想到黄大年听了，爽快地回答："没问题，这是为国家做大事。"

黄大年曾说："我的生活很简单，钱够用就好，钱都用在学生身上，资助他们能出息，最重要。"几年间，他资助26名学生出国交流、参加学术会议和培训，本科班“李四光班”24个同学的电脑，他全包了。

黄大年去世后，他妹妹黄玲拿着他仅有的几张银行卡去销户，让她想不到的是，享受着“千人计划”近百万元年薪的国际顶尖专家的哥哥，所有账户的存款加起来，不过寥寥。

黄大年对待生活很简单，但对待工作他却从来不简单。7年多的时间里，他带领科研团队，突破国外高精探测装备技术封锁，追平发达国家30年科研差距，为中国拉开“深地时代”大门，在航空地球物理领域取得了一系列成就。

2017年1月8日，黄大年因病医治无效在长春与世长辞，享年58岁。2017年7月，中共中央追授黄大年同志“全国优秀共产党员”荣誉称号。黄大年被评为感动中国2017年度人物，组委会给他的颁奖词是：“作别康河的水草，归来做祖国的栋梁。天妒英才，你就在这七年中争分夺秒。透支自己，也要让人生发光。地质宫五楼的灯，源自前辈们的薪传，永不熄灭。”

2019年9月，黄大年获“最美奋斗者”个人荣誉称号。

习近平总书记对黄大年同志先进事迹作出重要指示强调，我们要以黄大年同志为榜样，学习他心有大我、至诚报国的爱国情怀，学习他教书育人、敢为人先的敬业精神，学习他淡泊名利、甘于奉献的高尚情操，把爱国之情、报国之志融入祖国改革发展的伟大事业之中、融入人民创造历史的伟大奋斗之中，从自己做起，从本职岗位做起，为实现“两个一百年”奋斗目标、实现中华民族伟大复兴的中国梦贡献智慧和力量。①

① 《习近平对黄大年同志先进事迹作出重要指示》，新华社，2017年5月25日。

六

严格遵守党的生活纪律

生活纪律是党员干部在日常生活和社会交往中应当遵守的行为规则，涉及个人品德、家庭美德、社会公德等各个方面。党的生活纪律要求共产党员：

修身律己，培养高尚道德情操。党员干部修身律己，培养高尚道德情操，根本的路径是加强党性修养。党员干部通过加强党性修养，来坚定理想信念，提升道德境界，追求高尚情操，自觉远离低级趣味，自觉抵制歪风邪气。加强党性修养，是党员干部通过学习、锻炼使其思想、行为符合党的性质要求的过程，是政治素质养成的过程。

自觉遵守公序良俗。公序良俗，是公共秩序与善良风俗的简称。自觉遵守公序良俗，是文明社会的象征，是党的生活纪律对共产党员的明确要求，党员干部必须以身作则，带头自觉遵守，以自身良好的形象，引领社会风尚，推动社会文明的进步。

廉洁治家，坚决破除特权思想。廉洁治家，要管好亲属子女，不能让自己的配偶、子女失之管教，不能“一人得道，鸡犬升天”。

2024年1月8日，习近平总书记在二十届中央纪委三次全会上发表的重要讲话中强调：“要注重家庭家教家风，督促领导干部从严管好亲属子女。”①

坚决破除特权思想和特权行为，是党的十八大以来，习近平总书记反复强调的。2013年1月22日，习近平总书记在中国共产党第十八届中央纪律检查委员会第二次全体会议上的讲话中强调：“反腐倡廉建设，必须反对特权思想、特权现象。”他在党的十九大报告中又重申：“坚决反对特权思想和特权现象。”在党的二十大报告中，他又进一步强调：“坚决破除特权思想和特权行为。”

---

①《习近平在二十届中央纪委三次全会上发表重要讲话》，新华社，2024年1月9日。

84. 李大钊与夫人相濡以沫

李大钊（1889年10月29日—1927年4月28日），1889年10月29日出生在河北乐亭，是中国共产党的创始人之一。1920年，他和陈独秀酝酿组建中国共产党，发起组织马克思学说研究会。同年10月，和邓中夏、高君宇、何孟雄等一同建立北京共产主义小组。中国共产党建立后，他任第二、第三、第四届中央委员。

李大钊是中国大地上举起十月革命旗帜的第一人。他率先在中国介绍、宣传和研究马克思主义，成为中国最早的马克思主义传播者。

1918年8月，毛泽东第一次来到北京，在北京大学图书馆担任助理员。当时，李大钊任北京大学图书馆主任。毛泽东回忆道："我在李大钊手下在国立北京大学当图书馆助理员的时候，就迅速地朝着马克思主义的方向发展。"可以说，李大钊是引导毛泽东走向马克思主义的"第一人"。

1927年4月6日，李大钊不幸被奉系军阀逮捕。在狱中，他受尽了敌人的严刑拷打，但他始终坚贞不屈，严守了党的机密，并在狱中写下了著名的《狱中自述》。这篇约2700字的文章，是他对无产阶级事业无限忠诚的历史见证，也是一曲无产阶级的正气歌。

4月28日，敌人决定对他处以绞刑。面对敌人的绞刑架，李大钊步履从容，神色自若，高昂着革命的头颅，大义凛然地发表了最后一次演说：“不能因为你们今天绞死了我，就绞死了伟大的共产主义！我们已经培养了很多同志，如同红花的种子，撒遍各地！我们深信，共产主义在世界、在中国，必然要得到光荣的胜利。”

当指挥行刑官询问李大钊对家属有何遗嘱时，李大钊镇定地说：“我是崇信共产主义者，知有主义不知有家，为主义而死分也，何函为？”说完，他把头伸进了绞环，高呼“为主义而牺牲”，从容就义，年仅38岁。

在李大钊的心目中，共产主义的理想是永恒的。敌人可以消灭共产党人的肉体，却无法消灭共产党人的理想信念。正是这种坚定的理想信念，鼓舞着无数共产党人前赴后继，为中国人民的解放事业而不懈奋斗，直至用他们宝贵的生命去捍卫共产主义的伟大事业。

李大钊的夫人叫赵纫兰，是比他大5岁的农村妇女，而且目不识丁。但李大钊并没有因此而嫌弃她，始终如一地爱着她。即便是李大钊成了大学者、名教授，他也没有改变对妻子的爱。

赵纫兰虽然没有文化，但却非常贤惠。与李大钊结婚后，她就辛勤地操持着家务，帮助李大钊。她相信李大钊所从事的事业是正义的。因此，不管家境多么困难，她都坚定地支持李大钊的工作。

正如李大钊的长子李葆华在追忆父亲时所说：“二老相敬如宾，相濡以沫，感情极好。”

李大钊是中国共产党早期的无产阶级革命家。他不仅用自己的一腔热血铸就了共产党人的英魂，也用自己的真挚爱情写就了高尚道德情操的美好篇章。

85. 刘少奇

中央的决定要执行

刘少奇（1898年11月24日—1969年11月12日），1898年11月24日出生在湖南省宁乡县，1921年，他加入中国共产党，从此，他把毕生精力毫无保留地奉献给了党和人民的事业。他是中华人民共和国开国元勋，是以毛泽东同志为核心的党的第一代中央领导集体的重要成员。

刘少奇同志严格遵守党的纪律。他在白区工作时，经常经手几万元的党的活动经费，但他分文不动，每天只买些萝卜烩点馍来维持生活。

中华人民共和国成立后，刘少奇当选为中华人民共和国中央人民政府副主席。家乡的一些亲戚看到他当了大官，跑到北京找他帮忙办事。刘少奇同志严肃地告诉他们："不错，我是国家主席，硬着头皮给你们办这些事，也不是办不成。可是不行啊！我是国家主席不假，但我是共产党员，不能随便行使自己的职权。"

刘少奇同志长期在中央担任重要领导职务。他权力虽大，地位虽高，但却没有一点架子。他总是以普通党员、普通群众的身份来严格要求自己。正像他对身边的勤务员所说的："你是我的勤务员，我是全国人民的勤务员。咱们分工不同，都是人民的勤务员。"

1958年7月12日，刘少奇同志结束了对天津的考察，决定去山东济南。

随行人员联系铁路部门，要给他开个专列或加挂包车。但刘少奇同志说什么也不同意。他要求买一个硬座席位去济南。他说："和群众坐在一起，还可以顺便了解情况。"

最后，随行人员只好为他买了一张普通列车的硬席客票。

1959年底，刘少奇同志到海南岛休假。一天晚上，厨师郝苗对刘少奇的机要秘书吴振英说："少奇同志的生日快到了，是否要给他改善一下伙食？"

"可以。给他多做一两个菜，稍微改善一下。"吴振英很赞同郝苗的提议。

他们两个人的谈话恰好被当地陪同的一位同志听到了。于是，在刘少奇生日那天，当地有关部门送来了一个写有"寿"字的大蛋糕。

当吴振英向刘少奇汇报后，刘少奇很生气。他发火说："谁叫你们搞的？送回去！"

他又把王光美同志找来，问她是否知道这件事，为什么不加制止。当听说王光美事先并不知道这件事时，他的气才消了一些。

他语重心长地对王光美说："党中央早就做过决定，政治局的同志不过生日。我自己举手同意了的，就要坚决执行，决不能带头破坏中央决定。这些事你应该经常给他们讲讲。"

1960年，中央办公厅发了一个文件，重新规定了干部住房的收费标准。

刘少奇同志担心管理部门有顾虑，对他家进行格外照顾，就让身边工作人员如实地丈量了一遍自家的面积，核对水电费数字。

重新测算后，刘少奇同志家每个月要多付20余元的房租、水电费。

身边工作人员把情况向刘少奇汇报后，刘少奇同志表态说：“已经定了工资制度，就要彻底执行，高级干部要带好头，不能再享受供给制了。”

1966年“文化大革命”开始后，刘少奇受到错误的批判，并遭到林彪、“四人帮”反革命集团的政治陷害和人身摧残，于1969年11月12日病逝。1980年，党的十一届五中全会为刘少奇同志平反昭雪，高度评价了刘少奇同志的光辉一生。

86. 董必武
做到了一辈子做好事

董必武（1886年3月5日—1975年4月2日），1886年3月5日出生在湖北黄安（今红安）。1920年，他和陈潭秋等同志共同创建武汉共产主义组织。1921年，他出席中国共产党第一次全国代表大会，是中国共产党的创始人之一。

中华人民共和国成立后，董必武先后担任过政务院副总理，最高人民法院院长，中共中央监察委员会书记，中华人民共和国副主席、代主席等职务，他虽然身居高位，但他始终把自己视为人民公仆，以党和人民的“老牛”自勉，他常说：“我们的党是为群众利益服务的，如果不为群众服务，还要组织共产党干什么？”他赋诗吟唱：“革命原非为个人，支持群众得翻身。”

董必武一直保持着艰苦朴素的作风，还教育子女不忘勤俭节约，而且一点一滴都不允许浪费。

董必武同志喜爱书法，但他练字从来舍不得用白纸，总是在旧报纸上练大楷，大楷中间写中楷，中楷缝中写小楷。练完字的纸再收集起来，卖给废品收购站。一次，他和女儿楚青在院子里散步，发现一棵桃树干上凝聚着一块块的树胶，他就立刻动手把它刮下来包好，要自己动手粘毛笔的笔头。

董必武的日常生活也是十分俭朴的，就是一条毛巾，他也要用上一年半载，旧了擦手，破了从中间剪开两头接上再擦脚用。他吃饭时，只要有一个菜，特别是有一个豆腐或者豆腐汤就很满意了。一天，女儿楚青奇怪地问：“爸爸，豆腐有什么好吃的？我就不喜欢吃。”董老淡淡地一笑，说：“你不喜欢？豆腐的味道你尝不出来，实际上豆腐不但好吃，它的营养价值还很高呢，不信去问问你妈妈。”他的夫人知道董必武的心意，当然同意董必武的看法了。

董必武不但自己生活朴素，而且对子女的生活要求也很严格。在家庭餐桌上，董必武有个传统节目，就是背诵李绅那首著名的《悯农》诗：“锄禾日当午，汗滴禾下土……”目的是让孩子们从诗中知道粮食来之不易。一次，楚青吃完饭刚要走，董老叫住她，说道：“你看，你看，碗里、桌子上有多少饭粒？‘粒粒皆辛苦’，粒粒不能丢！”女儿茫然地看着掉落在桌子上的饭粒，又看看爸爸。董必武对女儿“命令”说：“捡起来吃了。”慑于爸爸的威严，女儿把掉在桌子上的饭粒一粒粒捡起来吃了，把碗里剩的饭粒也扒拉干净才走了出去。

一张纸、一粒米在有些人看来，浪费了算不得什么。但在董必武看来，一张纸、一粒米也不能随便浪费。因此，他练书法用废报纸，孩子吃饭饭粒掉到桌子上，他让孩子捡起来吃掉。

1975年4月2日，董必武因病在北京逝世，享年89岁。叶剑英在董必武追悼会上高度评价董必武：“董必武同志真正做到了一辈子做好事，不愧为无限忠诚于党和人民的无产阶级革命家！”

87. 许光达
“糟糠之妻不下堂”

许光达（1908年11月19日—1969年6月3日），1908年11月19日出生在湖南省长沙县东乡萝卜冲，1925年9月，他加入中国共产党。在革命生涯中，他南征北战，为中国革命事业立下卓越战功。

1955年，中国人民解放军首次实行军衔制。授衔之前，装甲兵司令许光达听说这次自己将被授予大将军衔，并被任命为国防部副部长，工资定为四级，十分焦急。

他匆匆赶到贺龙家里，请求贺龙同志向军委反映他的意见：改授上将衔，降低生活待遇。

不久，他又给毛泽东主席写了一份言辞恳切的“降衔申请”。他在申请中写道：“我对中国革命的贡献，是微不足道的。不要说同大将们比心中有愧；与一些年资较深的上将比，也自愧不如。我诚恳、慎重地向主席、副主席申请：授我上将衔。另授功勋卓著者以大将。”

在中央军委会议室里，毛泽东高扬起许光达的“降衔申请”，神情激动地对朱德、徐向前等人说：“这是一面明镜，共产党人自身革命的明镜……五百年前，大将徐达，二度平西，智勇冠中州；五百年后，大将许光达，几番让衔，英名天下扬。”① 后来，许光达的请求

① 张鹰：《儿子眼中的父亲——许光达大将》，《人物》，2004年第8期。

没有被批准，仍然被授予大将军衔。

1965年，中国取消军衔制，改为国家行政级别。根据规定，许光达可评为行政四级。他又主动提出降低级别。在他的一再请求下，组织上答应了他的请求，改定行政五级。在中国十位开国大将中，只有许光达低于行政四级。

因革命工作，许光达与妻子邹靖华曾多年失去联系。这期间，许多姑娘倾慕他，向他表示好感，但都被他婉言谢绝了。也有人劝他："你同妻子离散十年了，兵荒马乱的年月，倘若她不在人世了，你岂不是白等了？"但他却说："我要等。万一她没有死，我另娶他人，岂不伤透了她的心？这些年来，她为我做出了那么大的牺牲，盼望与我团圆。假如她真的死了，我也要见到她的坟墓，添上一抔土，否则，我是不会再娶的。"苍天不负有心人，许光达终于奇迹般地与妻子团圆了。

新中国成立以后，许光达作为国家高级将领和领导人，经常可以带夫人参加各种重大的礼仪活动，但邹靖华却不愿意参加这种活动。因为多年来，艰苦生活的磨砺，使她未老先衰。她觉得自己与那些年轻、漂亮、光彩照人的夫人相比，太逊色了。可是许光达每次都硬拉她去参加，他说："国家的威仪，不仅仅表现在外表上，而主要是看一个国家的国魂、士气、民风和人民的精神面貌。在这方面，你可以把那些外国武官的夫人比下去。'糟糠之妻不下堂'，这是做人的起码道德。何况你我是患难多年的夫妻。"

1969年6月3日，许光达因病逝世，年仅61岁。

88. 谢觉哉
不许子女特殊化

谢觉哉（1884年4月27日—1971年6月15日），1884年4月27日出生在湖南宁乡，1925年加入中国共产党。他早期从事党的宣传教育工作，先后任党中央机关报《红旗》主编、《上海报》的组织领导工作、湘鄂西省委机关报《工农日报》主编。

1933年，他抵达江西瑞金，任中华苏维埃共和国临时中央政府秘书长；1934年，他随中央红军参加长征，到达陕北后，他历任中央苏维埃政府秘书长、内务部长、司法部长；新中国成立后，他曾任内务部部长、最高人民法院院长、中国政法大学校长等职，是人民司法制度的奠基者。谢觉哉一生忠于党，忠于人民，为民谋利，不图虚名。

不许子女特殊化，这是谢觉哉同志一贯坚持的原则。不管是在延安，还是进北京，都是如此。

在延安时的一天，谢觉哉同志的孩子到机关小食堂玩耍。食堂管理员见开饭的时间到了，就想留孩子在那里吃饭。

谢觉哉同志说什么也不同意，坚持让孩子回家，并叮嘱他们以后少来这里玩耍。

新中国成立后，谢觉哉同志担任了中央人民政府的第一任内务部长。

上任后不久，他在老家县城工作的二儿子来到了北京，希望父亲给他在北京安排个工作。

谢觉哉对他讲："新中国成立初期，上头下头都需要人。你有文化，还是回家乡去工作好。"

二儿子听从了父亲的劝说，回到老家县城从事教育工作。

不久，谢觉哉同志在家乡务农的大儿子，也来到北京，向父亲提出要在北京参加工作的要求。

谢觉哉对他说："作田人还是要的。"于是，他又把大儿子送回了乡下。

后来，老家的亲戚也陆续来找谢觉哉，请他开后门，找工作。谢觉哉都没有答应。

他对亲戚们说："你要我安排你的工作，除非我回来当百姓，你来当部长。"

在谢绝哉同志的家里，有一条家规："任何子女都不能用他的汽车。"

一次，他的孩子违反了这一规定，用了他的车。谢觉哉知道后，非常生气。他批评孩子说："国家给我的汽车，是工作时才使用的，你没有权力叫司机开我的车外出。"他又马上让家里人付了车钱。

在后来的党组织生活会上，谢觉哉同志还专门就这个问题做了自我批评。

"为党献身常汲汲，与民谋利更孜孜"，这是延安时期人们向谢觉哉祝寿时赠送他的诗句，这是对谢觉哉非常客观的评价。

1959年4月，谢觉哉任最高人民法院院长时，全国各地送来的案卷虽然数量很大，但谢觉哉依然坚持亲自审阅案卷。他说："不看案卷，还要最高人民法院干什么？最高人民法院是代表人民行使审判的机关，批案是十分严肃的事情，需要十分慎重。人就一个脑袋，杀错了，人头落地了再也不能长出来。

“最高人民法院院长绝对不能挂名，人命关天，要知道，杀人的批复上都盖着谢觉哉的印章，人杀错了，那些冤死鬼来找我算账，我怎么办呀！”①

晚年，谢觉哉写过一首诗：“行径万里身犹健，历尽千艰胆未寒，可有尘瑕须拂拭，敞开心肺给人看。”这正是他一生的写照。

1971年6月15日，谢觉哉在北京逝世，享年87岁。

---

① 丁珈：《“不看案卷，还要最高人民法院干什么？”》，人民法院新闻传媒总社，2021年5月10日。

89. 张闻天
从不为亲属开后门

张闻天（1900年8月30日—1976年7月1日），1900年8月30日出生在江苏南汇县（今上海浦东新区），1925年，他加入中国共产党。他曾在一个相当长的时期内担任党的重要领导人。中华人民共和国成立后，他被任命为驻苏联大使及外交部副部长等职。

新中国建立初期，常有亲戚来找张闻天，希望能借他的权力找一个理想的工作。但张闻天对此一概是“热情接待，谢绝办理”。

张闻天的二女儿曾在外交部担任打字员。1955年，中央号召精简机构。当时张闻天在外交部担任第一副部长，他没有利用自己的职权将女儿留下，而是首先将自己的女儿精简了下来。

1972年，张闻天的侄孙女中学毕业了。有关方面安排她去当清洁工。她很不高兴，不想去上班。于是，她便给爷爷写信，希望爷爷能出面托人给她换一个工作。

张闻天收到信，很快便给她回了一封信。信中说：“我没法可想，就是有办法也不会想的。分配去当清洁工，这是分工的不同。不要以为中学毕业生就不能去当清洁工。这个想法是不对的。现在教育普及了，青年都有了文化，如果大家都不愿意去当清洁工，那么，粪便就无人处理，马路上的垃圾就无人打扫。这样下去，城市会变成什么样子呢？所以总得有一部分青年去做这项工作。人家的子女能做，我们的子女为什么不能做呢？不论是什么工作，只要是为人民服务的，就都是光荣的。”

侄孙女接到信的第二天，就愉快地去上班了。她后来一直在环卫系统工作，仅粪车和垃圾车就开了7年。

张闻天虽然官居高位，但他的亲属没有一个受到过他的特殊关照。正如他明确表示的：“不要说我没什么后门，就是有后门我也不开。”就是因为他不开“后门”，他的大女儿一直在家乡务农。

1971年5月，中央决定恢复张闻天的原工资待遇；第二年6月，又决定发还他在北京的存款。对这件事，他一直对孩子守口如瓶。

1975年，儿子虹生从新疆生产建设兵团来看望他。他特意嘱咐有关同志，不要把自己补发工资的事告诉虹生。

有位同志知道虹生在新疆的生活很苦，又患有迁延性肝炎，就劝张闻天给虹生一部分钱，但张闻天没有这样做。他说：“这几年我吃闲饭，没做工作，很对不起党。将来我要把这笔钱作为党费，全部交给党组织。”

时隔一年，1976年7月1日，张闻天同志在无锡逝世。弥留之际，他再三叮嘱妻子刘英：“我死后，请替我把补发的工资和归还的冻结存款全部交给党组织，作为我最后的一次党费，千万不要留给孩子。”

刘英点头答应了他。但张闻天仍不放心，吃力地举起颤抖的手，比画着要刘英给他立个字据，签上名。

见此情景，刘英泪流满面。她哽咽着说：“我明白你的意思，我一定全部交给党。我们几十年的夫妻了，还要我立字据，难道你还信不过我？”

听了刘英的话，张闻天这才点了点头，表示放心了。

90. 李贞
催人泪下的遗物清单

李贞（1908年2月—1990年3月11日），1908年2月出生在湖南省浏阳县，1927年，她加入中国共产党。

1927年9月，毛泽东率秋收起义部队攻克浏阳，李贞立即参加了浏东游击队，在一次战斗中，她所在的游击队被敌人包围在狮子崖，激战之后，仅剩四五个人，李贞舍身跳崖，因被树枝挡住幸免于难，突出敌人包围。

她怀着孕，行走在漫漫的长征路上。不论是渡金沙江、大渡河，还是翻越大雪山，抑或走进泥泞的草地，攻打腊子口，都有着她坚强的身影。

中华人民共和国成立后，李贞先后任中国人民志愿军政治部秘书长，最高人民检察院军事检察院副检察长等职务，1955年被授予少将军衔，是新中国第一位女将军。

这位战功赫赫的巾帼将军，虽然担任了党和军队的高级领导职位，但她却没有因为地位高了，生活条件好了，而忘掉艰苦朴素的生活作风。

1982年元旦，一位领导去看望李贞。一进屋，见李贞家里空荡荡，没有一件像样的家具。凡是去过李贞家的人都对她说："您的住房条件实在太差了，家具也太破旧了，我们看到都感到很'寒酸'，还是让管理部门给您换一换吧！”李贞微笑着说：“这哪能说是‘寒酸’，和过去对比，我觉得现在已经很不错了。”

1984年春天，组织上又派人劝她搬家。再三劝说，她才同意搬进紫竹院附近一幢公寓里的一套军职干部房。在这幢公寓里，李贞度过了她一生中最后六个春秋。

1990年3月11日，李贞因病去世，享年82岁。在清理她的遗物时，工作人员发现，这位经过长征的老干部，除了记录她赫赫战功的4枚勋章耀眼夺目外，其他的遗物竟是那么俭朴。

室内4把藤椅，是李贞多年前从湖南搬家时带回北京的。一对已用了整整40年的皮箱，皮质已经老化开裂。在李贞的衣箱里，唯一的一件新衣物，是她过80岁生日时，表孙女为她织的背心。

然而，就是这位生活俭朴的女将军，却用自己和甘泗淇将军的薪水抚养了20多位烈士遗孤。在她临终前，她嘱咐身边的工作人员：我住的房子是公家分给我的，我死后公家当然要收回。我的所有积蓄，就是11000元人民币存款和2500元的国库券。我死后，除一部分交党费外，其余全部交给有关部门发展儿童教育事业。别的我就没有什么了。”

这是一份催人泪下的遗物清单，它映现出一位对共产主义事业忠贞不渝的老战士的高尚道德情操。她留下的藤椅虽然破旧，她留下的皮箱虽然老化开裂，但破旧的藤椅、老化的皮箱所蕴含的宝贵精神财富，却是无价之宝。它将永远激励着人们勤俭节约、艰苦奋斗。

91. 刘伯承
简朴廉洁的一生

刘伯承（1892年12月4日—1986年10月7日），1892年12月4日出生在四川省开县（现重庆市开州区），1926年，他加入中国共产党。刘伯承南征北战，相继参加了北伐战争、八一南昌起义、土地革命战争、长征、抗日战争、解放战争等，为中国人民的革命事业立下了不朽的功勋。朱德元帅曾赞誉他“具有仁、信、智、勇、严的军人品质，有古名将风，为国家不可多得的将才”。1955年刘伯承被授予元帅军衔。

刘伯承经常对身边的人说：“廉洁的品行，要靠平时俭朴的生活养成。”他不但是这样说的，也是这样做的。他的一生，就是俭朴的一生，廉洁的一生。

新中国成立后，刘伯承同志担任了南京军事学院院长。但他依然像战争年代一样，俭朴生活。除军装外，不添加任何衣服。警卫员张福旺多次建议他做一身好的便服，都被他拒绝了。

这一天下班后，张福旺又给他提建议了：“刘院长，您真该做一套便服啦！”

“这身军装不是很好嘛，还做啥便服？”刘伯承撩起自己的衣服看了看，又说，“只要穿得干净、整齐，保持军人姿态就行，花那个钱做什么？”

“这是上面的规定，军官上街一律要穿便服。”张福旺这次准备了一张劝说院长的“王牌”。因为他知道院长最服从上级的指示。接着，他又说，“您身材高大魁梧，穿军装目标太大，给我们警卫工作带来了很大的困难……”

“理由蛮充分的。”刘伯承笑着说，“既然上级有规定，又是工作需要，那就去做一套。”

张福旺见院长接受了自己的建议，非常高兴。他说：“我已经打听过了，您的便服用这几种布料比较好。”说着，他就迅速地从口袋里掏出一张纸，照着上面的文字念道：“毛哔叽、毛华达呢，凡尔丁……”

“你这小鬼，从哪儿抄来这些新名词？”刘伯承和蔼地对张福旺说，“依我看，做一套‘兰卡其’布的就蛮好，又便宜，又结实。”

张福旺一听，心一下子就凉了半截，很不高兴地嘟囔道：“人家比您官小的干部都是毛料子的。动员您大半天，就买块‘卡其’布。”

看着张福旺那委屈的样子，刘伯承笑了。随后，他便严肃地说：“小鬼，我们要做的事情多着呢。我们应该把精力放在学习和工作上，不要和人家比吃、比穿、比住，那样会把志气比光的。越是上面的干部越要带个好头，艰苦奋斗、勤俭节约是我们党的法宝，万万丢不得呀。”

最后，刘伯承做了一套很便宜的“卡其”布便装。

1986年10月7日，刘伯承在北京逝世，享年94岁。

刘伯承虽然离开了，但他对党忠诚，严守党的纪律，简朴廉洁的品行却永存人间。

刘伯承不仅简朴廉洁，还谦虚谨慎。他生前曾经说过：“我自己的一生，如果有一点点成就，那是党和毛主席的领导所给我的。离开党，像我们这些人，都不会搞出什么名堂来的。因此，我愿意在党的领导下，做毛主席的小学生，为中国人民尽力。如果我一旦死了，能在我的墓碑上题上‘中国布尔什维克刘伯承之墓’十二个大字，那就是我最大的光荣。”

92.

谭震林
约法三章

谭震林（1902年4月24日—1983年9月30日），1902年4月24日出生在湖南省攸县城关镇，1926年，他加入中国共产党。他参与创建井冈山革命根据地的斗争，率部参加了中央苏区第一、第二、第三次反“围剿”，跟随毛泽东南征北战，为中国的革命事业作出了巨大的贡献。

中华人民共和国成立后，他先后担任中共浙江省委书记、省人民政府主席，中共中央副秘书长，国务院副总理、全国人大常委会副委员长、中央顾问委员会副主任等职。

谭震林一生严格遵守党的各项纪律，严格要求自己，从不搞特殊化，从不利用手中的权力来谋取私利，也从没有要求组织对其亲属加以照顾。从他制定的“约法三章”中，足可以看出他坚持原则、严守纪律、严于律己的高尚品质。

新中国成立后，谭震林长期担任党和国家的重要领导职务。他经常到下面视察，了解基层情况。每次动身前，他都要“约法三章”：不准搞迎送，不准搞接风洗尘，不准随从人员购买内部物品等。

一次，谭震林到南方视察。在视察三亚和海口途中，地方领导得知他在井冈山生了一场大病，没有完全恢复，身体仍很虚弱，就加派医务人员、警卫人员照顾。

一天晚上组织看电影，谭震林见院子里坐满了看电影的人。当得知这些人是为他加派的医护人员、警卫人员和汽车司机后，他生气地说："这还了得，这不是什么保卫工作，把我们看得那样特殊，我算什么？用得着这样大的阵势。这个地方不能住了，明天就走。"

三年困难时期，谭震林听说家乡有亲友向组织伸手要物资，便立即给湖南攸县县委写信："有人利用我的名义，向你们要东西，批供应物资，这种行为是犯法的。你们必须立即制止！不管他是谁，也不管他有什么特殊需要，都必须按照国家规定的制度执行，谁都无权违反国家制度批东西给任何人。"

1949年冬，谭震林在浙江担任省委书记、省人民政府主席，他的弟弟谭乐春专程从老家赶到杭州，想通过这个当大官的哥哥搞点本钱开个矿，让家里富裕起来。

没想到谭震林加以拒绝。谭震林开导谭乐春说："我是当浙江省的主席，不是我们谭家祠堂的主席，我要为了广大人民谋利益，不能只为自己的家、自己的兄弟捞取好处。现在没有压迫和剥削，只要你自己努力劳动，暂时的困难是可以克服的。"谭乐春觉得兄长的话很有道理，就回到老家继续经营他的那个小商铺。公私合营后，谭乐春一直在百货公司当营业员。

谭震林有句名言："对来自上头的批评，你要敢揽起来。对来自下级的批评，你要能听下去，要当下级干部的'出气筒'。"从这句名言中可以看出他的心胸之开阔。

谭震林党性原则非常强，眼里容不下沙子。下属犯了错误，他会第一时间指出来，而且批评起人来非常严厉，有时会叫被批评者下不了台。但他从不在背后搞小动作，从不给人穿小鞋。

对谭震林的脾气，陈毅曾经说过："他若朝你发脾气，你可能受不了。可是一转身呢，他又在说你的好处了……”

1983年9月30日，谭震林在北京病逝，享年81岁。

谭震林把自己的一生全心全意地奉献给了中国人民的解放事业和社会主义现代化建设事业。

93. 焦裕禄
不为亲属安排工作

焦裕禄（1922年8月16日—1964年5月14日），1922年8月16日出生在山东淄博博山县北崮山村，1946年，他加入了中国共产党，曾任兰考县委书记，是党员干部的楷模。他在兰考担任县委书记时所表现出来的“亲民爱民、艰苦奋斗、科学求实、迎难而上、无私奉献”的精神，被人们称之为“焦裕禄精神”。

人们常说领导干部难过亲属、子女关。但焦裕禄在亲属、子女问题上却经受住了严格的考验。他对亲属、子女要求非常严格，从不利用自己的权力为亲属、子女谋取利益。

焦裕禄的大哥住在尉氏县乡下。一天，焦裕禄的大嫂从尉氏县来到兰考，要焦裕禄在兰考给初中毕业的侄子安排个工作。听了大嫂的要求，焦裕禄摇了摇头，对大嫂说：“不中。我是县委书记，县委书记怎么能违反国家政策呢！”大嫂见焦裕禄拒绝了自己的要求，很生气，说：“俺这穷亲戚攀不上你这当大官儿的。”说罢，就头也不回地走了。

焦裕禄的大女儿焦守凤初中毕业后，县委的一些同志热情地要帮助她找工作。有人要安排她在机关当收发员，有的要安排她到学校当老师。但焦裕禄谢绝了同事们的好意，坚持让女儿去又脏又累的酱菜厂工作。焦裕禄说：“刚出校门就想干轻松的工作，怎么行！不下去锻炼锻炼，就不知道工人怎么做工，农民怎么种田。领导干部的孩子更应该带头到艰苦的地方去工作。”焦守凤到底去了酱菜厂。

一次，焦裕禄下乡回家很晚，但到家后，却不见儿子国庆在家。他正奇怪着，就见国庆兴高采烈地回来了。焦裕禄问国庆：“怎么这么晚才回家？”

国庆告诉爸爸：“看戏去了。”

“看戏去了，哪来的票？”焦裕禄追问儿子。

“是卖票的叔叔给的。”国庆很得意地说。

听了国庆的回答，焦裕禄很生气，批评了儿子，并拿出2角钱，让儿子第二天把票钱补上。

这件事引起了焦裕禄的深思。他认为这不是小事。这种苗头如果不能制止，就会助长特殊风气。因此，他在县委会上做了深刻检讨，检讨自己教育子女不严，并亲笔起草了要求全县党员干部必须做到的“十不准”。这十不准的主要内容有：不准请客送礼；不准大吃大喝，铺张浪费；不准用公款组织晚会；不准看戏不掏钱；不准到商业部门、合作社部门要求特殊照顾；不准利用职权为亲属、子女安排工作；不准任人唯亲，搞小圈子；婚丧嫁娶不准大操大办等。

焦裕禄严格按照“十不准”的要求办事，没有一丝一毫的违背。

1964年5月14日，焦裕禄因病逝世，年仅42岁。2009年9月，在中央宣传部、中央组织部等11个部门联合组织的评选活动中，焦裕禄被评为“100位新中国成立以来感动中国人物”。2019年9月，焦裕禄获“最美奋斗者”个人荣誉称号。

94. 罗瑞卿不能有特权思想

罗瑞卿（1906年5月31日—1978年8月3日），1906年5月31日出生在四川南充市舞凤乡清泉坝，1928年10月，他加入了中国共产党。他参加过二万五千里长征，参与指挥强渡大渡河战斗。

罗瑞卿是一位传奇人物，战争中，三次大难不死，其中一次子弹擦着他的太阳穴斜穿他的口腔，脑袋被打穿，但他却奇迹般地活了下来，毛泽东说他是“阎王不要的人”。1955年9月，罗瑞卿被授予中国人民解放军大将军衔。

中华人民共和国成立之后，罗瑞卿担任公安部第一任部长。前后两次给罗瑞卿当过13年秘书的傅国祯曾经撰文说，罗瑞卿在工作中，一是坚持和党中央保持一致，二是坚持集体领导。党的领导和群众路线是他思想和工作的两个基本点，亦是他取得成功、避免失误的一个重要原因。

罗瑞卿不仅在工作中坚持和党中央保持一致，坚持党的群众路线，日常生活中也是严格遵守党的纪律。罗瑞卿只要见到有人给他送礼，就会撂下一句话：“礼退回，人处分。”

罗瑞卿不仅严于律己，对家人和身边人也是严管。

罗瑞卿的长子罗箭回忆说：“那次，二姨领着自己的孩子到家中做客。二姨的孩子和弟弟玩的时候，弟弟言语中对二姨的孩子颇有些看不起。父亲知道后，对着弟弟发了好大的脾气，父亲当时说，你有什么看不起人的？你凭什么看不起人？”罗箭说，从来没看到父亲生那么大的气。

罗箭还回忆道：“我父亲有一辆专车，但我妈妈每个星期一去党校学习的时候，都是自己坐公交车去，从来没有坐过父亲的专车。包括我和弟弟妹妹们都一样，谁也没有想过要父亲的专车接或者送。我每周六回家的时候，都是从101中学校园，走到北京大学西大门坐332路公交车，坐到西直门换22路，就能到家了。”①

1950年春，有一天，罗瑞卿去火车站接外宾。当他赶到车站时，火车已经到了。随行的老姚来不及去买站台票，就对检票员说：“我们是公安部来的，来接客人。”检票员点点头，让罗瑞卿一行进了站。

在回来的路上，罗瑞卿忽然问老姚：“你进站时买站台票了吗？”“当时来不及啦！”“那么出站时为什么不补票？”“忘了。”

把客人送到招待所后，罗瑞卿便对老姚说：“现在你就到车站去，补交三张站台票。公安人员应当做守法的模范，不能有特权思想。中国人有句古话：‘不以恶小而为之，不以善小而不为。’要防微杜渐嘛！”

罗瑞卿身高一米八二，毛泽东称他为“罗长子”。他多年在毛泽东身边从事保卫工作，毛泽东曾说：“天塌下来，有罗长子顶着。”毛泽东还说：“罗长子往我身边一站，我就感到十分放心。”这是毛泽东对罗瑞卿工作的肯定。

1978年8月3日，罗瑞卿因病逝世，享年72岁。

---

① 《罗瑞卿之子忆父亲：弟弟因看不起农民孩子被责骂》，《法制晚报》，2016年7月31日。

95. 王树声
一生秉持公私分明准则

王树声（1905年5月26日—1974年1月7日），1905年5月26日出生在湖北麻城。1926年，他加入中国共产党，参与创建了麻城县第一支农民武装。他参加革命后，南征北战，为中国人民的革命事业作出了巨大的贡献。中华人民共和国成立后，他曾任湖北军区司令员，中南军区副司令员，国防部副部长，人民解放军总军械部部长，军事科学院副院长等职，1955年被授予大将军衔。

王树声有一句名言："职务高低，都是为人民服务。我只有为人民服务的义务，没有争名誉地位的权利。"王树声是这么说的，也是这么做的。

按王树声的级别职务，王树声除了专车外，还可以配备一辆生活用车，但王树声却一再婉拒。直到他去世，也从未配过生活用车。

王树声任国防部副部长时，在接待外宾和出国访问时，不管外宾送他什么礼品，他都如数上交国库。他身边的人都知道这个规矩。一次，一位新来的勤务员把外宾送的礼物拿到了王树声坐的车上，并说："人家说了，这礼品是送给首长您个人的。"王树声严肃地告诉他："这个国防部副部长是代表中华人民共和国政府与外宾打交道的，礼品怎么会是赠送我个人的呢？公私分明，是我们革命战士的一个起码准则，今后务必牢记啊。"

新中国成立后，家乡的亲戚见王树声当了大官，就来找王树声给帮忙在城里找工作。他热情接待了亲戚，但却拒绝了他们的请求。他说道："我的权力是党和人民给的，是用来为党和人民工作的，我不能用这个权力来谋取私利。你们有困难，应该依靠当地政府解决，依靠自己努力生产。"结果，他的侄女等人一直在家务农，过着普通农民的生活。

公私分明是王树声一生秉持的准则。1926年秋，王树声创建了麻城县第一个农民协会，他把农民团结起来跟土豪劣绅斗争。

在麻城乘马岗区大河铺罗家河村有个大土豪，名叫丁枕鱼，他是王树声的嫡亲舅爹——祖母的亲兄弟。丁枕鱼横行乡里，民愤极大。农民协会开展的农民运动，触及了丁枕鱼的利益，他仗着自己是王树声的嫡亲舅爹，集结当地其他地主恶霸带头反对农民革命，还组织了红枪会，殴打农会人员、撕毁农民协会张贴的告示、砸毁农会人员的办公室。

王树声了解到情况之后，非常愤怒。他把农会成员召集到一起，对他们说："大家不要顾虑我和丁枕鱼的关系，要革命，就讲不得亲戚情面，谁反对农会，谁就是我们的敌人。"

随后，大家在王树声的带领下，包围了丁枕鱼的豪宅，把丁枕鱼活捉了，后来，丁枕鱼被判处死刑。

1973年底，王树声出现贫血。驻地部队的战士们知道后，纷纷要求为他献血。王树声对医生说："决不可这么做，不可抽战士的血！这是命令！"这成为王树声大将一生最后的一个命令。

1974年1月7日，王树声因病在北京逝世，享年69岁。

96. 徐向前 特效药救孩子

徐向前（1901年11月8日—1990年9月21日），1901年11月8日出生在山西五台县，1927年3月，他加入中国共产党，是中华人民共和国十大元帅之一。

他一生南征北战，为中国人民的解放事业建立了不朽的功勋。徐向前不仅能征善战，还乐于助人。

1948年4月30日，是张鼎中的大女儿三周岁生日。这天，孩子突然患病，昏昏欲睡，不吃也不喝，烧得烫人，连叫她几声都没有反应。

军医来检查后，脸色沉重地说："急性脑膜炎。"

"还有没有一点希望？"张鼎中焦急地问。

医生思索了一下，说："需要特效药——盘尼西林。"

在场的一位同志催医生写下药名，好即刻派人骑马去卫生所取。医生摇了摇头："卫生所没有。记得边区政府有一支，不知用了没有？"

去的人很快回来了，说边区政府的药品都已经装箱运走了。医生搓着手沉吟片刻，猛转过身说："稍等一下，我到首长那里找一找。"不大一会儿医生就回来了。他脚还没有进门就兴冲冲地说："孩子有救了！多亏徐向前副司令员给了这支药。"不待说完，一边督促卫生员赶快消毒皮试，一边讲述起来：

“我一到徐副司令员住处，他就说：‘我刚开会回来，听说你们正找盘尼西林。我这里放着一些瓶瓶盒盒，记得好像有一支盘尼西林，你看看哪个是，赶快拿去。’我凑近灯光辨认着，当发现那支盘尼西林后，脱口而出：‘油质盘尼西林！’徐向前副司令员见我找到了药，非常高兴地叫我快拿去救孩子。我踌躇起来，想到首长身体不好，这样贵重的药，说不定随时急用。徐副司令员仿佛窥到了我的心思，略带愠怒地一挥手：‘骑上我的马，快去救娃娃！’”

注射这支盘尼西林后，孩子的呼吸由弱渐强，高烧渐渐消退，后来就慢慢恢复了健康。张鼎中爱人无限感激地说：是徐副司令员给了我女儿第二次生命。”

在当时的条件下，拥有一支盘尼西林就等于拥有了一条性命。徐向前自然明白这一点。但在性命攸关的时刻，他首先想到的是张鼎中女儿的安危，而不是自己的需要。这真是助人为乐、救人之危的高尚道德情操。

徐向前生活简朴，不讲究吃穿，一生说山西话，爱吃山西饭，大家亲切地称他为“布衣元帅”。他爱兵如爱子，他经常说：“身为干部，一定要爱兵。每个干部都必须懂得，有了士兵才要干部，不是有了干部才要士兵。”他要求干部要在政治上关心战士的成长进步，要在生活上关心战士的疾苦。

徐向前的心里总是装着人民群众，廉洁奉公，艰苦朴素，严格教育子女，严守党的纪律，是党性坚强的典范。

1990年9月21日，徐向前因病去世，享年89岁。徐向前临终前叮嘱家人及老部下李先念：“我死后一不搞遗体告别，二不开追悼会，三把骨灰撒在大别山、大巴山、太行山、河西走廊。”

97. 蒋筑英
为国家尽忠，为母亲尽孝

蒋筑英（1938年8月1日—1982年6月15日），1938年8月1日出生在浙江杭州，1956年，他以优异的成绩考入北京大学物理系，他在学好专业课的同时，还熟练地掌握了英、俄、德、日、法五门外语。蒋筑英在北京大学本科毕业后，来到长春，成为中国科学院长春光学精密机械研究所著名光学科学家王大珩的研究生，此后他一直在该所从事光学传递函数研究工作。

在王大珩所长的指导下，1965年，27岁的蒋筑英带领的4人小组，设计并制造出中国第一台光学传递函数测量装置，建成了国内一流的光学检测实验室。

他不仅是著名的光学精密机械的研究专家，是当代科学家的楷模，同时他又是孝敬父母的典范。

1967年初，蒋筑英的妈妈得了癌症。重病缠身，她十分想念儿子，便给儿子写了一封信，希望儿子能回家看看。蒋筑英接到家书，请假从长春乘车南下，千里迢迢回到江南老家，探望母亲。

他回到家后，一方面为母亲寻医问药，一方面抽空挎起菜篮子到市场上为母亲选购爱吃的菜肴。他拿回家洗净、切好，把各种佐料配全，然后用纱布盖好。等妈妈想吃时，立刻烧出来。接着他又提水，又收拾屋子。做完这些家务活，他才拿出一本书，守候在母亲身边，听候母亲差遣。总之，他不离母亲身边。妹妹小林看哥哥晚上守半宿，白天又这样操劳，太累了，就劝他去躺一会儿。蒋筑英则说：“平常日子尽是你们在家侍候，这次我回家住几天，就让我多干点吧，也算我对母亲尽一份孝心啊！”

蒋筑英假满回单位后，还非常惦念着母亲的病，经常给家里写信，了解母亲的病情，要母亲多多保重。

不仅母亲有病时如此，就是平常日子，他也总是惦着家里老人和弟弟、妹妹，每月寄钱给家里。就是在他读研究生的时候，也省吃俭用，从每月40元的助学金中，给妈妈寄回15元钱，有时寄20元钱，贴补家用。

作为科学家，蒋筑英呕心沥血，为我国的科学事业作出了巨大的贡献；作为儿子，蒋筑英想方设法，尽其所能地为母亲尽孝心，为家庭分忧解难。都说“忠孝不能两全”，而蒋筑英不仅为国家尽了“忠”，也为母亲尽了“孝”。

1982年6月15日，蒋筑英到外地工作，由于过度劳累，病情恶化，不幸在成都逝世，年仅44岁。

因家庭出身的原因，蒋筑英一直解决不了加入中国共产党的问题，但他丝毫没有动摇对党的坚定信念。他一生最大的愿望，就是成为一名共产党员。他生前一再向党组织提出申请，他去世前不久所里已批准他填写《入党志愿书》。他去世后，中共吉林省委根据他生前的表现和愿望，追认他为中国共产党正式党员。

98. 麦贤得
永远的义务兵

麦贤得（1945年12月—），1945年12月出生在广东省潮州市饶平县汫洲镇，1964年3月，他参加了中国人民解放军。1965年8月，他加入了中国共产党。

麦贤得入伍后，在海军护卫艇第41大队4中队611号护卫艇上，当了一名轮机兵。

1965年8月5日15时12分，福建省东山岛东南兄弟屿海域，出现了两艘国民党海军猎潜舰，企图向大陆输送特务。

中国人民解放军海军南海舰队获悉上述情况后，即令汕头水警区以鱼雷艇11艘和护卫艇4艘做好战斗准备。其中有一艘是611号高速炮艇，麦贤得是该艇上的轮机兵。

6日1时42分，战斗打响。战斗中，一块弹片击中了麦贤得。弹片从他的右前额进去，直插到他左边太阳穴附近的额叶里。鲜血喷涌而出，脑脊液也流了出来。

麦贤得的中枢神经严重受伤。然而，他并没有倒下，他以顽强的毅力，凭着自身练就的技能，排除了舰艇故障，保证了轮机正常运转，坚守战位直到战斗胜利。

1966年2月23日，国防部颁发命令，授予麦贤得“战斗英雄”称号，号召全军官兵向他学习。共青团中央授予他“模范共青团员”

称号。

1967年12月3日，毛泽东主席还亲切地接见了他。

麦贤得受伤后，脑部严重受损，他的前额脑壳至今仍是由两块有机玻璃替代的。尽管如此，他却忍受着伤病的折磨，关心着工作，关心着别人，关心着社会的公益事业。他从不愿意别人称他为战斗英雄，而是明确表明自己是个义务兵。

1991年，汕头遭受了历史上前所未有的台风。此时，麦贤得正在家中。当他得知楼上曹政委正在指挥部队抗击台风，而他家的窗子被风刮掉了时，便带着铁丝、铁锤、铁钳冲上楼去，帮助曹政委的家属把吹掉的窗户堵好，并将其他窗户一一加固。

台风的第二天，麦贤得“失踪”了。直到傍晚时分，才见他浑身泥土、满脸疲惫地回到家。妻子问他这一天都到哪里去了，他只说，在外边，就在外边。

到了晚上，电视台播放新闻时，妻子才解开丈夫“失踪”之谜。因为电视屏幕上麦贤得正在马路上帮忙清理倒在路上的树木。

麦贤得平时生活非常简朴，但在扶贫济困上，他却很是大方。部队组织为灾区人民捐款，他每次都要捐上两三百元。1996年，他在电视上看到一个新闻，说是当地有个工厂发生爆炸、多名打工者受伤，他立即以“一名老兵”的名义捐了500元钱。

麦贤得乐于助人在邻里间是有口皆碑。他的邻居蔡大娘脚上长了一个毒疮，久治不愈。有人给介绍了一个偏方，说活蜘蛛能治疗此病。可是，在高楼林立的城市，蔡大娘和家人都不知道到哪里去找蜘蛛。

麦贤得听说此事，连夜跑到郊区的废弃工棚里，嘴里咬着手电筒，双手举着木棍在屋顶的犄角旮旯敲敲打打，一连好几个晚上，终于抓到了7只大蜘蛛。蔡大娘感动得不得了，逢人就夸麦贤得是个心地善良的大好人。

2019年9月17日，麦贤得被授予“人民英雄”国家荣誉称号。

2019年9月25日，麦贤得被评选为“最美奋斗者”。

99. 邱娥国
群众的贴心人

邱娥国（1946年5月—），1946年5月出生在江西省进贤县。1964年9月参军入伍，1967年1月，他加入中国共产党，1979年12月转业后一直在公安系统工作。曾任南昌市公安局西湖分局广外派出所民警，筷子巷派出所民警、副所长，西湖分局副政委兼筷子巷派出所指导员等职。

邱娥国一直严守党的纪律，把满腔忠诚倾注于公安事业，把一片深情献给居民百姓，被群众称为“群众的贴心人”。他从警二十多年来，为辖区居民做了多少好事、实事、贴心事，真的难以计数。

年近八旬的何俊杰、黄糯女老两口的四个子女都在外地，只有春节能回家与父母团聚几天。1984年，邱娥国家搬进章江路27号，与两位老人成了邻居。

十几年来，两位老人买米、买菜、倒垃圾、劈柴、搬煤球等重体力活都由邱娥国夫妇和他们的两个儿子“承包”了。天气冷了，老两口筋骨痛，手不能下冷水，邱娥国就把热腾腾的饭菜做好端过来。过年过节，两位老人总是与邱家老小一起热热闹闹地吃团圆饭。何家来了客人，吃住都由邱家安排。何家的儿孙们回家过年，邱家总是腾出干净的房间，铺好整洁的床铺迎接他们。每当黄糯女老人的气管炎老毛病发作，不管是白天黑夜、刮风下雨，都是邱娥国和妻子涂荔花推着自行车把老人送到医院。

80岁的余锦桂老人家住筷子巷。1995年3月6日，她的老伴过世了。邱娥国闻讯赶来，帮老人收拾好零乱的房间，安慰老人说："余婆婆，你莫哭，你有白内障，会哭坏眼睛的。放心，今后我会帮你的。"

看老人家里柴火不多了，第二天一大早上班前，邱娥国就扛来一大捆拾来的碎木、断竹，帮老人劈好、码好，还细心地把上面残留的钉子拔下来。

第三天中午，邱娥国又买上半斤猪肉，上了余婆婆的门。做饭时，老人往锅里只放了一丁点油。瞅见油罐快见底了，老邱转身进了对面的油铺……

邱娥国桌头放着一册特困人口记录本，上面记着孤老江一波、盲人万丛娣、残疾人罗尧根……街坊邻居们常常看见，邱娥国买来热腾腾的肉包子，坐在江一波老人身边看着老人吃完早点再去上班；邱娥国帮着万丛娣一家操办着柴米油盐、家务杂事；邱娥国跑上跑下地给罗尧根扛煤气罐……

有些人不解："老邱，你平时工作已经够累了，这分外的事还管它那么多干啥？"但邱娥国认定，管段民警遇上段上的事都得管，没有什么分内、分外的差别。照顾老人、小孩、残疾人，都是一名人民警察该做的，更是一个共产党员该做的。

"走街串小巷，和蔼态度亲，婆婆如在家，坐下拉拉呱，见人多询问，见事多观察，热心办民事，温暖送到家。"这是邱娥国自己编的顺口溜，也是他为群众服务的准则。邱娥国不仅热心服务群众，在调节群众纠纷上还公平公正。

一次，邱娥国调解的一起民事纠纷的一方恰巧是他战友的亲戚。

在部队头顶头睡了七八年，战友觉着老邱怎么也得给他个面子。可邱娥国压根没理这个茬。

事后，战友找邱娥国“理论”。邱娥国诚恳地说：“好兄弟，求你支持支持我。我要是丢了‘公正’，怎么向群众交待？”

邱娥国在心里反复掂量过，得罪了兄弟、朋友，只不过自己不好受；辜负了群众，损害了党的威信，那才是天大的损失。

2007年，邱娥国光荣退休。

2009年9月，在中央宣传部、中央组织部等11个部门联合组织的评选活动中，邱娥国被评为“100位新中国成立以来感动中国人物”。2018年11月，邱娥国入选“100名改革开放杰出贡献对象”。

100. 雷锋
甘心愿意做这样的“傻子”

雷锋（1940年12月18日—1962年8月15日），1940年12月18日出生在湖南省望城县一个贫苦农民的家庭。1960年，他参加了中国人民解放军。同年11月，他加入了中国共产党。

1958年11月15日，雷锋来到辽宁鞍山钢铁厂工作。雷锋到鞍山钢铁厂后，分配给老推土机手李长义当徒弟。

看看矮小瘦弱的徒弟，再看看体大个高的推土机，李长义满脸疑惑：他能吃得消？后来，李长义不由得对这小徒弟刮目相看了。

深冬的东北，寒冷异常。但这位南方来的小伙子根本不怕冷。不论是早晨还是晚上，不管是风里还是雪里，尽管他脸冻得发紫，手冻得像小胡萝卜，他也不喊一声冷，始终刻苦地跟着师傅钻研技术。

雷锋不仅工作认真，还特别关心工厂。一天晚上，突然下起了大雨。已经躺在床上的雷锋想起了工地上还有7000多袋水泥没有遮盖，便立即从床上爬起来，边喊边冲进雨中，找来苇席苫布遮盖水泥。当他看到苇席苫布不够用时，竟将自己的棉被抱了来。

雷锋在鞍山钢铁厂工作的时间虽然不长，但他却3次被评为“先进生产者”，5次被评为“车间红旗手”，3次被评为“节约能手”，并荣获了“鞍山市青年社会主义建设积极分子”的光荣称号。

1960年1月，雷锋光荣地参加了中国人民解放军，来到沈阳军区工程兵某团运输连当了一名汽车驾驶员。参军后的雷锋，更是把自己的一腔热血献给了人民，把自己有限的生命投入到无限的为人民服务之中。在工作上，他向积极性最高的同志看齐；在生活上，他向水平最低的同志看齐。他认为，要改变祖国一穷二白的面貌，必须发愤图强、艰苦奋斗。他自觉坚持从自身做起，从生活中的一点一滴做起。

部队每年给战士发两套军装，雷锋总是领一套，另一套交还给国家；他穿的一双袜子，补了一层又一层，已变成一双“千层底”的袜子；他还做了一个“节约箱”，将平时捡到的废铜烂铁、螺丝钉、牙膏皮等装在里面，能用的就用，不能用的就卖给收购站，然后将钱交公。

雷锋在生活上对自己要求十分苛刻，但他对别人、对集体、对国家却非常慷慨。他把自己积攒下来的每一分钱都用到了他人的身上。

1960年夏，抚顺市望花区人民公社成立。雷锋听到消息，马上把自己积攒的200元钱拿出来，捐献给公社。公社的同志不收，说：“把钱寄给你的亲人吧！”雷锋含着眼泪说：“我是孤儿，党和人民就是我的亲人。”公社的同志见此情形，只好收下100元钱。后来，雷锋听说辽阳地区受灾，他立即将那100元钱寄了去。

有人对雷锋的行为不理解，说他这样做是“傻子”。而雷锋却甘愿做这样的“傻子”。

他在日记中写道：我要做一个有利于人民、有利于国家的人。如果说这是“傻子”，那我是甘心愿意做这样的“傻子”的。他还写道：“我们国家处在困难时期，我们是国家的主人，应该处处为国家着想，事事精打细算，支援国家建设。”

1962年8月15日，雷锋因公殉职，年仅22岁。

毛泽东同志一生只给两位战士题过词。一位是面对敌人的铡刀毫不畏惧，英勇就义的刘胡兰，另一位便是雷锋。

1963年3月5日，毛泽东亲笔写下了“向雷锋同志学习”这七个闪光的大字。

2019年9月，雷锋获得“最美奋斗者”荣誉称号。